21세기 중국의 정치·경제·외교 정책의 핵심

중국의 新실크로드 전략

일대일로一帶一路

One Belt & One Road Strategy

21세기 중국의 정치·경제·외교정책의 핵심

중국의 **新실크로드** 전략

★ ★ ★
중국 진출
필독서

一帶一路

일대일로

ONE BELT & ONE ROAD STRATEGY

이 강 국 지음

19세기 말 조선이 풍전등화와 같은 위기에 처해 있을 때 일본에 주재하고 있던 중국(청나라) 외교관 황준헌(黃遵憲)은 '조선책략(朝鮮策略)'을 권유하였다. 조선책략의 핵심은 당시 국제 정세에서 조선이 남하정책을 쓰고 있던 러시아를 방어하려면 '친 중국(親中國)', '결 일본(結日本)', '연 미국(聯美國)' 정책을 구사해야 한다는 것이다. 현 정세하에서 한국에 가장 큰 과제는 북한 문제를 해결하고 통일을 이루는 것이며, 나아가 강건한 나라를 만드는 것일 것이다. 이런 관점에서 한국이 취해야 할 전략으로 국력을 신장해 나가면서, 한편으로 미국·중국·일본·러시아 등 주변 4대 강국과의 긴밀한 협력 관계 유지를 통해 통일 문제에 대한 협조를 얻어내는 것이 당연하면서 가장 중요한 방안으로 인식되어 왔다.

유라시아 이니셔티브는 이러한 기존의 방안보다 더 적극적인 개념이다. 본래 광활한 대륙 벌판을 누비면서 힘차게 살았고 대륙을 호령하였던 기상을 보였던 민족적 정체성에도 불구하고 해양에 치우쳐 있는 한국이 유라시아 국가 전반을 포괄하여 취하는 새로운 전략이다. 유라시아 대륙의 단절과 고립, 긴장과 분쟁을 극복하고 소통과 개방을 통해 평화롭게 교류하고 공동 번영하는 새로운 유라시아를 건설하고, 나아가 유라시아 대륙을 하나의 경제 공동체로 묶어 북한의 대외 개방을 유도하여 궁극적으로 통일까지 염두에 두고 있는 장기 구상이다.

그런데 한국만 유라시아에 대한 전략을 구사하는 것이 아니다. 미국·중국·러시아 나아가 일본도 무궁무진한 유라시아 지역의 발전 잠재력에 주목하여 적극적인 정책을 전개하고 있다. 특히, 중국은 '일대일로 전략'

이라는 큰 그림을 그리면서 여러 가지 구체적인 조치를 착착 진행하고 있다. 2012년 말 제18차 당 대회에서 중국의 지도자가 된 시진핑 주석이 일성으로 꺼낸 것이 '중화민족의 위대한 부흥의 중국의 꿈[中國夢]'이다. 일대일로 전략은 바로 시진핑 정부가 실크로드 옛 영광을 재현하고 '중국의 꿈'을 실현하기 위해 실시하는 대규모 대내외 프로젝트이다. 일대일로는 중국 내륙지역 개발과 주변국 연계 개발을 연계하고, 중앙아시아·동남아시아·중동 및 유럽까지 인프라로 60여 개 국가를 중국과 연결하고자 하는 거대한 개발 계획이다.

중국이 일대일로 전략을 추진하는 이유는 더 있다. 첫째, 신흥시장 진출을 통해 경제 성장의 동력을 확보하고 과잉 생산 및 과잉 산업 문제를 해소하기 위함이다. 둘째, 세계의 공장과 시장으로 부상하면서 세계 최대 에너지 소비국으로 된 데 따른 필요한 자원과 에너지를 안정적으로 확보하기 위해서다. 셋째, 지역 불균형 발전과 도농 격차를 해소하고 이를 바탕으로 신장 등 소수민족의 독립 움직임까지 약화시키려는 것이다. 넷째, 경제 영토를 중앙아시아와 동남아시아 등으로 확대하고 나아가 지역 경제 통합의 주도권을 확보하는 데 목적이 있다. 다섯째, 중국의 전통적 외교인 주변 외교를 적극적으로 확대하고 미국의 '아시아 재균형 전략'에 대응하는 의미가 있다.

현재 중국의 일대일로 전략은 중앙정부가 구상하고, 지방정부들이 구체적인 플랜을 짜고, 학계에서 뒷받침하면서 만들어지고 있다. 징진지(京津冀 : 베이징·톈진·허베이) 협동 발전, 창장(長江) 경제벨트 개발 등과 함께 추진하여 중국 내 다량의 개발 프로젝트를 통합하며 새로운 개혁개방 공간의 플랫폼을 마련해가고 있다. 중국 전체가 일대일로 사업장으로 탈바꿈하고 있으며, 그 무대는 주변국으로 확산되고 있다.

시진핑 주석은 일대일로 전략을 이끌면서 속도감 있게 일대일로 전략 외교를 추진하고 있다. 2015년 4월 20일 파키스탄을 방문해 460억 달러의 경협 프로젝트를 추진하기로 하여 '중국-파키스탄 경제회랑' 구축에 탄력을 불어넣고 있다. 이 경제회랑은 파키스탄 과다르 항에서 중국 신장위구르 자치구까지 3,000km 구간에 철도와 도로, 가스관을 건설하는 대역사이다. 될 수 있을까 의문이 제기되었던 아시아인프라투자은행(AIIB)이 일사천리로 진행되고 있다.

그런데 일대일로 전략에 대해 부정적인 시각도 적지 않다. 중국이 중앙아시아 등에서의 자원 확보와 자국 잉여 생산력 수출과 함께 영향력 확대를 추구하는 정책이며, 미끼를 사용하여 여러 국가들을 끌어들이고 미사여구로 포장하는 선전전에 말려들어서는 안 된다는 경계의 목소리도 많이 들린다. 그렇지만 일대일로 전략은 계속 추진될 것이고 이에 따라 인프라 등의 수요가 커질 것이며, 중국이 풀어놓을 일대일로 자금을 활용하려는 나라들이 늘게 될 것이다. 2015년 10월 시진핑 주석이 영국을 방문하였을 때 극진한 환대를 받았으며 시 주석은 큰돈 보따리를 푼 것으로 보도되었다. 시 주석이 영국에서 국빈 방문을 끝내고 돌아오자마자 네덜란드 알렉산데르 국왕과 독일 메르켈 총리, 프랑스 올랑드 대통령 등 유럽 정상들이 뒤질세라 중국으로 달려왔다.

한국도 이렇게 줄을 서야 한다는 것은 결코 아니다. 일대일로 전략이 한국 경제에 새로운 기회를 제공할 것이라는 분석을 외면해서는 안 된다는 것이다. 앞으로 거대한 인프라 사업이 진행될 것이며, 이는 아시아인프라투자은행(AIIB) 설립으로 탄력을 받을 것이다. 더구나 일대일로가 대상으로 삼고 있는 중앙아시아·동남아시아 등 지역은 자원이 풍부하고 시장이 광활하다. 또한, 중국의 중서부 및 서북 5개성 등 내륙 지역은 아직도 개척의 여지가 많다. 도로, 철도, 항만 등 기초 인프라뿐만 아니라 통신 설비, IT 서비스 등 다양한 산업에서 한국 기업에게 진출 기회가 열릴 수 있다.

문제는 우리가 이러한 새로운 기회를 활용하려는 열정이 있고 준비가 되어 있느냐이다. 일대일로 전략에 대한 검토는 물론 대상 지역 환경에 대한 다각적인 관찰과 면밀한 활용 전략이 필요하다. 한편으로 일대일로 전략은 궁극적으로는 중국의 우위 확보와 경쟁력 강화를 염두에 두고 있는 정책으로서 일대일로 전략 전행에 따라 주변국인 중국의 국력 상승과 영향력 확대가 이루어질 것으로 예상된다. 이러한 측면에서 국가적인 차원에서 일대일로 전략에 대한 고려가 이루어져야 하는 데 대해서는 다언을 요하지 않는다.

한국의 가장 큰 교역, 투자 대상 국가인 중국이 추진하는 대규모 정책 프로젝트인 일대일로 전략을 타면서 국익을 창출해 나가야 한다. 아시아인프라투자은행(AIIB) 설립 예에서 볼 수 있듯이 일대일로는 피할 수 없고 피해서도 안 된다. 적극 활용해 나가는 것이 현명하다. 유라시아 이니서티브와 접목하면서 한국의 경제, 문화 영토를 확장하고, 외교 영역을 넓히며, 기업들은 이윤을 창출해 나가야 한다.

일대일로 전략의 중심지인 시안에서 근무하면서 세미나에 참석하고 관계 인사들을 면담하며, 언론 보도를 체크하고 일대일로 정책 사이트를 찾으면서 자료를 모으고 논리를 가다듬으면서, 일대일로 전략에 대해 정리해 보았다. 일대일로 전략은 진행형이다. 아직도 많은 것이 나오지 않았고, 구상 단계에 있는 것도 적지 않을 것이다. 그래도 일대일로 전략을 파악하려는 노력은 계속되어야 한다. 알아야만 넓은 시장에 진출할 수 있고 효과를 볼 수 있기 때문이다. 중국의 정책을 일목요연하게 파악하기는 쉽지 않듯이 일대일로 전략도 마찬가지이다. 그러나 이해를 돕기 위해 최선을 다해 써 보았다. 독자들에게 도움이 되었으면 하는 바람이다.

2016년 1월 중국 시안에서
이강국

차 례

제3장 일대일로 전략 출범, 의미 및 배경 ㅣ 57

제8장 일대일로 전략의 상황 평가 및 제약 요인 ǀ 177

제9장 유라시아 이니셔티브 구상 ㅣ 201

제10장 한국 입장에서 일대일로 전략의 활용 방안 ┃ 221

제1장

실크로드의 기원 및
주요 국가의 유라시아 정책

실크로드의 기원
유라시아의 지정학적 중요성 및 주요 국가의 유라시아 정책

제1장

실크로드의 기원 및 주요 국가의 유라시아 정책

1. 실크로드의 의미 및 범위

실크로드는 중국 시안에서 시작하여 허시후이랑(河西回廊)을 가로질러 타클라마칸 사막의 남북 가장자리를 따라 파미르 고원, 중앙아시아 초원을 지나 지중해로 이르는 길이다. 실크로드는 수천 년간 동서를 이어온 교통로이자 인류 문명 교류의 대동맥으로서 역할을 하였다. 이 길을 통해 비단을 비롯하여 도자기, 차 등이 수출되었으며, 호박, 향료, 면화, 토마토 등 농작물과 천문역법, 아랍어 숫자 등이 중국으로 들어왔다. 나아가 실크로드를 통해 종교가 전래되고 동서양 간 문화의 교류도 활발히 이루어졌다.

실크로드란 말은 130여 년 전인 19세기 말 독일의 지리학자 리히트호펜(Richthofen)이 쓰면서 시작되었다. 그는 《중국, China》이라는 책에서 중국으로부터 중앙아시아를 경유해 서쪽 지역으로 수출되는 주요 물품이 비단(silk)이라는 사실을 감안하여 이 교역로를 독일어로 '자이덴슈트라센'('자이덴'은 비단, '슈트라센'은 길을 의미, 영어로 Silk Road)이라고 명명하였다.

그 후 스웨덴의 허턴(S. Hutton)과 영국의 스타인(A. Stein) 등에 의해 중앙아시아 각지뿐만 아니라 지중해 동쪽 해안에 위치한 시리아 팔미라에서도 중국의 견직 유물이 다량 발굴되었다. 이를 근거로 독일의 동양학자 알베르트 헤르만(Albert Herrmann)은 실크로드를 재확인하였다. 팔미라는 오래된 고대 도시로서 문화 유적지가 많이 남아 있는 곳인데, 최근 수니파 무장 조직 '이슬람 국가(IS)'가 팔미라 박물관 앞에 서 있던 2000년이 된 3m 높이의 '알랏의 사자상' 등 귀중한 문화재를 파괴하였다고 보도되어 세간의 주목을 받은 곳이다.

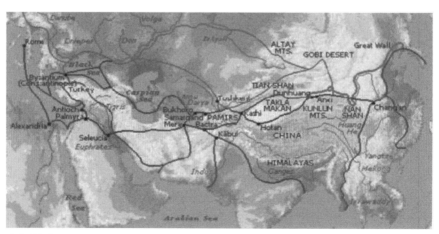

고대 실크로드

실크로드의 범위는 계속 확장되어와 제2차 세계대전 후 동양학자들은 중국에서부터 중앙아시아를 지나 터키의 이스탄불과 로마까지 연결하여 장장 1만 2,000km(직선거리 9,000km)에 달하는 길을 동서 간의 문화 통로와 교역로로 규정하였다. 나아가 실크로드의 범위는 유라시아 대륙의 북방 초원지대를 지나는 초원의 길[草原路, 스텝로]까지 확대되었다.

한편으로 남중국해에서 말라카 해협을 거쳐 인도양, 아라비아 해, 홍해(紅海)를 지나 지중해까지 이르는 해로(海路)를 포함시켜 해상 실크로드로까지 실크로드 범위를 확장시켰다. 해상 실크로드의 주요 거점 항구는 역대 왕조마다 바뀌어 왔으나, 취안저우(泉州)는 유일하게 유네스코에서 인정한 해상 실크로드의 기점이다. 중국 동부 해안은 여름과 겨울에 계절풍의 영향으로 유럽 대륙으로 항해에 유리하여 해상 교통로가 발달하였다.

2. 실크로드의 개척자

(1) 전한시대 장건(張騫)과 곽거병(霍去病)

역사적으로 실크로드가 처음 열린 것은 전한(前漢 : BC 206~AD 25) 때이다. 물론 실제로는 그보다 훨씬 전에 실크로드가 열렸을 것으로 보고 있다. China는 중국 최초의 통일왕조인 진(秦)나라에서 기인하는 것으로 보고 있는데, 춘추전국시대를 통일한 진나라가 서역에 알려지는 과정에서 페르시아어로 Chin, 범어(梵語)로는 Cina로 불렸다. 진나라를 나타내는 Chin에서 유래되었다는 것이다. 또 다른 시각은 중국을 China로 부르게 된 데에는 발음이 유사하면서 중국을 대표하는 상품으로서 수출되었던 도자기[瓷器]의 역할도 컸다는 것이다. 실제로 소문자로 시작하는 china는 영어로 자기(瓷器)라는 의미를 갖고 있다.

한나라 초기의 대외 정책에서 가장 큰 과제는 흉노를 견제하고 제압하는 것이었다. 한 무제(武帝)는 흉노에게 패한 월지국(月支國)이 서역으로

옮겨가 있다는 것을 알게 되었는데, 월지국과 연합해 북방 변경 지대를 위협하고 있던 흉노를 제압하고 서역으로 통하는 교통로를 확보하길 원했다. 대월지와 군사 동맹을 맺기 위해 파견할 사신을 물색하였는데, 이때 자발적으로 지원한 사람이 바로 낭중(郎中)이라는 직책에 있었던 장건(張騫)이였다.

장건의 출사도, 돈황 막고굴 벽화 (출처 : 環球人物網)

기원전 139년에 한 무제의 명을 받은 장건(張騫)은 서부 사막지대로 향했다. 그렇지만 얼마 가지 못해 흉노에게 붙잡히고, 그곳에서 약 10년 동안 보내다가 기회를 엿보다가 탈출에 성공한 장건은 서쪽으로 한참 동안 이동한 끝에 아랄 해로 흐르는 시르 강 상류의 페르가나 지방, 즉 대완(大宛)에 도착했다. 대완 왕은 장건에게 호의적이었고, 장건은 월지가 어디에 있는지 알아냈다. 장건은 소그디아나 지역에 자리 잡고 있는 월지에 도착할 수 있었다.

장건은 연합하여 흉노를 치자는 무제의 뜻을 전하며 월지 왕을 설득했지만 소용이 없었다. 비옥한 땅에서 풍요를 누리고 있었던 대월지로서는 굳이 한나라와 동맹하여 흉노를 공격할 까닭이 없었다. 1년 남짓 머무른 장건은 대월지를 떠나 귀로에 올랐지만 다시 흉노에 사로잡히고 말았다.

억류되어 있던 장건은 흉노가 내분이 일어난 틈을 타 탈출하여 기원전 126년경 장안으로 돌아왔다. 장안을 출발한 지 약 13년 만의 귀국이었다.

장건은 서쪽 지역에 관한 많은 정보를 보고했고, 이는 한나라가 대외 정책을 세우는 데 중요한 역할을 했다. 서역 여행에서 장건은 한나라의 영향력이 서역 여러 나라에 미치도록 하는 데에도 기여했다. 서역 여러 나라들은 한나라가 막강한 대국이라는 사실을 장건 일행을 통해 처음 알게 되었다. 이후 많은 나라가 한나라에 사신을 파견하여 외교적 관계를 맺게 되었던 것이다.

그런데 장건의 여행을 바탕으로 한제국의 영토 확대와 서역 개척에 지대하게 공헌한 인물은 바로 곽거병(霍去病)이다. 젊은 나이로 여섯 차례나 흉노(匈奴) 토벌에 출정하여 번번이 대승을 거두며 혁혁한 공을 세웠다. 간쑤성 란저우에는 곽거병 동상이 우뚝 서 있다. 란저우를 근거지로 실크로드를 개척하였기 때문에 이를 기리기 위해 동상을 세운 것이다. 그가 불과 24세로 요절하자 한무제는 크게 슬퍼하여 장안(長安) 근교의 무릉(茂陵)에 무덤을 짓되, 일찍이 곽거병이 대승리를 거둔 기련산(祁連山 : 天山)의 형상을 따게 하여 그의 무공을 기렸다.

이 무덤은 지금도 무제릉(武帝陵) 가까이에 있으며, 무덤 앞에는 마답흉노(馬踏匈奴), 즉 흉노를 밟고 있는 말 석상이 있다. 흉노(匈奴)를 정벌하였다는 상징성과 함께 흉노에 대한 증오를 나타내고 있다.

마답흉노 석상

(2) 후한시대 반초(班超)

반초(班超)는 한나라 때 역사가인 반표(班彪)의 아들이자, 불후의 역사서인 《한서》(漢書)의 저자인 반고(班固)의 동생이다. 그는 변경에 흉노족이 침범하여 자주 약탈하고 주민을 살상한다는 소식을 접하고 무인(武人)으로 흉노 원정군에 자원하여 "붓을 버리고 군대에 나가다."라는 뜻의 투필종군(投筆從軍)의 모범을 모였다. 반초는 서역(西域)을 토벌하고 반세기 이상 흉노의 지배하에 있던 50여 나라를 한나라 밑에 복종시켰고, 부하를 페르시아 만(灣) 방면으로 파견하여 정보를 수집하는 등 많은 공적을 세웠다.

반초는 중국의 서역 통제에 기여했을 뿐만 아니라, 그의 노력으로 비단길이 본격적으로 활성화되었다. 비단길은 동서 교류의 혈로로서 이 길을 통해 중국인들은 서역은 물론 중동이나 유럽까지 진출할 수 있었다. 그 결과 비단, 칠기, 동전 등 중국의 문물과 중국 자체에 대한 지식이 서양인에게 전달되고, 석류, 포도, 후추와 같은 서역의 산물과 서역 문화가 중국인에게 전파될 수 있었다.

(3) 현장법사의 고행길

실크로드는 동양과 서양을 잇는 문명 교류의 길로서 경제적인 의미뿐만 아니라 종교적으로도 중요하다. 기원전 3~4세기 이후 인도 불승들이 파미르 고원, 히말라야 산맥을 거쳐 타클라마칸 사막을 지나 천산산맥을 넘어 고비 사막의 허시후이랑(河西回廊) 길로 들어서서 중국에 불교를 전하게 되면서 고승들이 오가게 되는 주된 길이 실크로드였다.

현장(玄奘)법사는 628년 황제의 칙명인 출국 금지령을 어기면서 몰래 국경을 빠져나와 인도로 가기 위해 고비 사막, 타클라마칸 사막, 천산산

맥, 파미르 고원을 넘어 인도에 들어갔다. 17년 동안 구법을 하고 많은 진귀한 불교 경전을 가지고 실크로드를 통해 645년 장안으로 돌아왔다. 몽매에도 그리던 '서천취경(西天取經)'의 꿈을 실천한 것이다. 현장법사는 당나라 조정으로부터 크게 환대를 받았으며, 대자은사(大慈恩寺)에서 불경 번역 작업을 하였고, 인도에서 가져온 불경은 대안탑에 보관토록 하였다.

대안탑

모디 인도 총리는 2014년 9월에 자신의 고향이자 현장법사가 들렀던 곳 가운데 하나였던 구자라트에서 시진핑 주석을 맞이했다. 그때 시진핑 주석도 자신의 고향인 시안에서 영접하겠다고 말했는데, 약속대로 2015년 5월 모디 총리가 중국을 방문하자 시 주석은 시안에서 맞이하였으며, 대자은사와 대안탑을 안내하면서 그 옛날 현장법사가 불경을 가져와 번역했고 불경을 보존한 곳이라고 설명했다.

현장법사는 구법수도와 실크로드를 오가면서 체험하고 견문한 내용을 기술한 《대당서역기》를 남겼는데, 이는 당시의 실크로드를 이해하는 데 없어서는 안 될 중요한 사료이기도 하다. 《대당서역기》는 불교서이자 탐험서이며 기행서이다. 붓다의 진리를 탐구하는 길을 가기 위해 온갖 역경과 싸워나간 수도의 일지이기도 하다.

현장법사의 서천취경(西天取經)을 위한 고난의 여행 이야기가 차츰 민간에도 알려져 전설화되고 기상천외한 공상도 가미되어 그로부터 약

1,000년 후에 오승은의 소설로 결실을 맺었다. 오승은은 《서유기》(西遊記)를 써서 독자적인 문학 세계를 창조하였으며, 《서유기》는 《삼국지연의》, 《수호전》, 《금병매》와 함께 중국 4대 기서 중의 하나로 일컬어지고 있다.

현장법사 이외에도 많은 승려가 진리를 찾기 위해 실크로드를 따라 인도에 갔다. 신라인 등 우리 선조들도 상당히 많았다. 혜초는 해상 실크로드를 따라 인도에 가서 순례하고, 험난한 서역의 길을 돌아 육상 실크로드를 통해 당나라 장안으로 왔으며, 《왕오천축국전》(往五天竺國傳)이라는 불후의 기행문을 남겼다. 《왕오천축국전》은 돈황의 막고굴에서 1908년에 프랑스인 동양학자 펠리오에 의해 발견되었다. 지금은 프랑스 파리의 국립 도서관에 보관되어 있다. 혜초의 《왕오천축국전》은 8세기 무렵 인도와 중앙아시아 여러 나라들에 대한 정보를 알려 주는 귀중한 기록유산으로서 세계적으로 주목을 받고 있다.

《왕오천축국전》

혜초는 장안에서 계속 머무르면서 불경을 번역하였고, 가뭄이 심하게
들자 당나라 황제의 부름을 받아 선유사에서 기우제를 주관하기도 하였
다. 현재 옥녀담의 기우제 현장은 불어난 물속에 잠겨 있다. 1990년대 중
반부터 댐이 건설되어 절터와 강변 자체가 수몰되었기 때문이다. 다행히
우리나라 조계종 등에서 나서서 옥녀담 제사터에 있던 거북바위를 인근
언덕에 옮기고 그 옆에 '신라국 고승 혜초 기념비'와 비를 보호하는 정자
(비각)를 세워놓았다.

신라국 고승 혜초 기념비

(4) 고구려 유민의 아들 고선지

실크로드에 대해 이야기하면서 고선지를 빼놓을 수 없다. 당 현종 시기
에 현재의 신장위그르자치구에서 안서도호부 부절도사로 있던 고구려
유민의 아들인 고선지는 힌두쿠시 고원의 험준한 길을 타고 현재의 파키
스탄 북부에 위치한 소발률국(小勃律國)을 정벌하였다. 그 후 고선지는
당나라 군사 1만 명을 거느리고 파미르 고원을 넘어 중앙아시아 일대를
정벌하였다. 고선지는 중국에서도 위대한 장군으로 인식되고 있는데, 역

사 드라마인 〈측천무후 비사〉에는 고선지 장군이 서역 정벌에 공훈을 세웠다는 내용이 상당히 많이 묘사되고 있다.

그 후 고선지가 탈라스 전투에 패배함으로써 아랍에 포로가 된 제지공에 의해 제지술이 서방세계로 전파된 사실을 학자들은 문명사 차원에서 주목하고 있다. 그래서 고선지 장군은 실크로드 길을 개척한 장군이자 제지술을 전래한 인물로 인식되고 있다.

한편, 현재 우즈베키스탄의 주요 도시인 사마르칸드는 고대에는 동서무역의 중개지로 소그드인의 나라 소그디아나의 중심지였다. 소그디아나가 번성하던 시절에 건설된 아프라시압 궁전이 1965년에 발굴되었는데, 벽화에 그려진 깃털 꽂은 모자를 쓰고 환두대도를 찬 두 사람이 고구려 사신으로 추측된다. 이는 7세기 무렵 고구려와 서역과의 교류와 외교관계를 보여주는 귀중한 자료이다. 고구려는 주변의 다양한 세력과 접촉하였으며, 5세기부터 7세기 사이에는 스텝로를 따라 중앙아시아까지 접촉 범위를 넓혔다. 당시 고구려는 동북아시아 패자로 군림하던 시기이며, 6세기 후반부터 7세기에 걸친 시기는 수나라, 당나라와 치열한 경쟁을 벌이던 시기이다.

아프라시압 궁전 벽화 고구려 사신도 (맨 우측 두 사람이 고구려 사신으로 추정된다.)

(5) 명나라 정화(鄭和)의 해상 실크로드

600여 년 전 명나라 때 환관 정화(鄭和)는 30여 년간 일곱 차례에 걸쳐 대함대를 이끌고 동남아시아와 인도양 인근은 물론 아프리카 동안 지역까지 다녀와 해상 실크로드의 개척자라고 칭하기도 한다. 본명은 마삼보(馬三保)이며 윈난성(雲南省) 쿤양(昆陽)의 무슬림(이슬람교도) 가정에서 태어났다. 성씨인 마 씨는 예언자 무함마드의 후손이라는 것을 나타낸다. 선조는 칭기즈칸의 중앙아시아 원정 때 몽골에 귀순하여 원나라 세조(世祖) 쿠빌라이 때 윈난성 개발에 노력했던 색목인이었다.

주원장(朱元璋)이 명나라를 건국한 후 원나라의 세력하에 있던 윈난성을 공격할 때 소년이었던 정화는 붙잡혀 거세된 뒤 환관이 되어 당시 연왕(燕王)이었던 주체(朱棣)에게 돌아갔다. 주원장 사후에 연왕이 제위를 찬탈한 정난의 변(靖難의 變) 때 정화는 공적을 세워, 영락제(연왕)로부

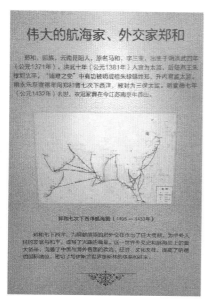

해상 실크로드 개척자 정화(鄭和)에 대한 설명

터 정(鄭) 씨란 성을 하사받고 환관의 최고위직인 태감이 되었다. 정화가 이슬람교도 출신이었던 것은 나중에 영락제가 대원정을 준비할 때 그 지휘관으로 정화를 마음에 두게 한 이유 중 하나가 되었다. 중국의 닝샤회족자치구에서는 정화를 역사상 위대한 회족(이슬람교도)으로 기리고 있는데, 중국회족문화원(中華回鄕文化院)은 정화를 위대한 항해가이자 외교관으로 설명하고 있다.

역사의 기록에 의하면 정화의 대함대는 전체 길이가 44장(丈, 약 137미터), 폭 18장(약 56미터)에 이르는 대형 선박이 포함된 함선 62척에 총 승무원 2만 7,800명이 탑승했다. 정화는 총 7차에 걸쳐 인도네시아·말레이시아·태국·스리랑카·인도, 그리고 아프리카 동안까지 원정을 하였다. 몇 번의 무력을 통한 싸움을 하였지만 대부분 외교적 수단을 통해 설복시키고, 각국의 풍속을 존중하는 바탕 위에 교류하였다고 한다.

정화는 말라카 해협에 건국된 말라카 왕국을 인도양 항해를 위한 전진기지로서 중시하여 말라카 국왕을 우대하였다. 그 때문에 말라카 왕국은 정화 함대의 보호 아래 성장하여 중국 함대의 항해가 단절된 뒤에도 동서 교역의 중계항으로서 번영을 누렸다. 지금 말레이시아 말라카에는 정화문화원이 있다. 여기에는 모형선과 명나라 정화 함대가 갔던 항로와 곳곳에 세웠던 비석을 탁본해 비문을 전시해 놓고 있다. 당시 각국이 중국 황제에게 진상한 선물을 운반하기 위한 보선에는 각종 보물과 아프리카에서 보내온 기린과 얼룩말도 그림으로 전시되고 있다.

말라카 정화문화원

1. 유라시아 지역의 지정학적 중요성 부각

(1) 대륙 심장부론

실크로드가 지나가는 곳은 유라
시아 지역의 핵심 지역이다. 일찍이
영국의 저명한 지리학자 해퍼드 매
킨더(Halford Mackinder) 경은 "유
라시아 대륙의 핵심부는 심장 지역
(heartland)으로서, 이 심장 지역을
지배하는 자가 세계를 지배할 것이

유라시아 대륙의 심장 지역

다."라고 말했다. 매킨더는 "미국과 영국 등의 해양 세력이 세계를 지배
하려면 유라시아 대륙을 지배해야만 한다. 유라시아 대륙의 지리적 구조
를 볼 때, 그 중심인 중앙아시아의 '심장부'(Heartland) 지역을 장악한 세
력은 주변의 해안 지역 어디로든 곧바로 도달할 수 있는 결정적인 유리함
을 가지게 되며, 따라서 유라시아 전체를 손에 넣을 수 있게 된다."라고
주장했다.

(2) 해양 중심론

알프레드 마한(Alfred Thayer Mahan)은 "해양을 지배하는 국가가 결
국 세계를 지배한다."라고 하여 해양 중심론을 제창하였다. 모두가 더 이
상의 서부 진출(Go West)은 없다고 여기고 있을 때 마한은 해양 진출을

주장하였다. 미국 해군대학 교관으로 있던 마한은 1890년 지정학의 명저 《해양력이 역사에 미치는 영향》(The Influence of Power upon History)을 발표하였다. 이 책은 1660년부터 1783년까지 일어난 육해전을 치밀하면서도 생생하게 분석하고, 영국·프랑스·네덜란드·스페인 등 대서양 연안의 유럽 4대 해양 강국과 독립전쟁 당시 미국의 해양사를 해부했다.

마한은 미국이 세계 해군국이 되기 위해 준비해야 할 일로 대해군의 건설, 해외 해군기지의 획득, 파나마 운하의 건설, 그리고 하와이 왕국의 병합을 제시했는데, 미국은 마한의 교과서대로 추진하였다. 이 책은 해양역사와 전략을 입체적이고 명쾌하게 추적해 오늘날 세계 어느 곳이라도 지켜낼 수 있는 미국 해양력을 건설한 이론적 바탕이 되었다.

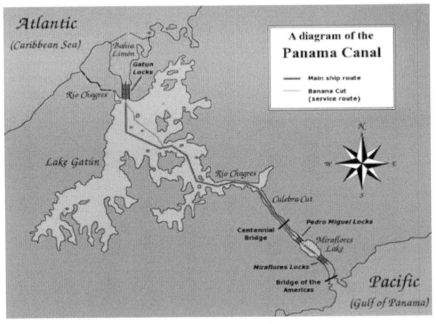

파나마 운하 지도

(3) 주변부 인접 지대 중심론

그 후 니콜라스 존 스파이크만은 대륙과 해양을 연결하는 연안 지대들, 즉 서유럽, 동아시아 같은 주변 지역이 향후 중요한 역할을 할 것이라는 '주변부 인접 지대 중심론(Rimland theory)'을 설파했다. 인구 밀도와 물자 생산, 문화의 발전과 유통 등을 기준으로 보았을 때 그 밀집 지역은 모두 대양과 접한 테두리 지역이라는 것이다. 따라서 아시아와 유럽의 테두리 지역을 철저히 미국의 영향 아래 두어 심장부 지역을 확보한 공산주의 세력이 뻗어 나오지 못하게 막는다는 것이다. 이것이 냉전 시기 미국의 세계 전략의 기초가 된 유명한 조지 케넌의 '봉쇄'(Containment) 정책의 이론적 근거가 되었다.

'봉쇄 정책(Containment Policy)'은 전쟁이라는 직접적인 무력 수단에 호소하기보다는 그 주위에 군사 기지망을 둘러싸서 포위만 하면 소비에트 권력은 마침내 용해되어 자기 분해가 될 것이라는 생각에서 수립된 정책으로, 냉전(cold war)의 발단을 이루었다. 조지 케넌은 "미국의 소련에 대한 정책은 소련의 팽창주의적 경향에 대하여 장기적이고 인내심 있는, 그러나 강력하고 결코 방심하지 않는 봉쇄 정책이어야 한다."라고 주장하였다.

조지 케넌의 봉쇄 정책은 1947년 '트루먼 독트린(Truman Doctrine)'으로 공식화되었으며, 제2차 세계대전으로 폐허가 된 유럽 국가 부흥 계획인 이른바 '마셜플랜(Marshall plan)'이 나오고, 미국과 캐나다, 유럽 10개국의 집단방위기구인 'NATO(북대서양조약기구)'가 발족되었다.

(4) 헌팅턴 문명충돌론

사무엘 헌팅턴은 1993년 〈포린 어페어즈〉에 발표한 《문명의 충돌》을 통해 냉전 이후 시대는 국가 간 무력 충돌이 발생하는 것은 이념의 차이가 아니라 전통, 문화, 종교적 차이 때문이라고 주장했다. 1996년 이런 주장을 담아서 만든 책《문명의 충돌》은 2001년 발생한 9·11 테러 이후 집중 조명을 받았다.

'문명의 충돌'(The Clash of Civilizations)의 핵심은 종교이며, 그 중심에는 기독교 서구 문명과 이슬람권의 충돌이 자리 잡고 있다고 보고 있다. 헌팅턴 주장대로 특정 종교를 믿는 민족 간 국지적 분쟁은 늘어나고 있는 게 현실이다. 특히, 최근 이슬람국가(IS)에 의해 자행되고 있는 무자비한 테러는 중세시대 기독교와 이슬람교의 대충돌인 십자군 전쟁까지 거론할 정도로 국제사회가 단합하여 강력히 대응해 나가지 않으면 안 될 상황으로 인식되고 있다.

(5) 중앙아시아를 핵심으로 하는 유라시아 발칸 중시론

카터 행정부 시절 국가안보담당 특별보좌관을 역임한 브레진스키는 1990년대 말《거대한 체스판》이라는 책에서 유라시아 지역의 중요성을 강조하면서 특히, 중앙아시아를 핵심으로 하는 유라시아 발칸에 주목해야 한다고 말했다. 브레진스키는 "유라시아 발칸 지역은 인접한 세 강대국, 즉 러시아·터키 그리고 이란이 안보적 관점이나 역사적 야심의 견지에서 볼 때에도 중요성을 지닌다. 아울러 중국 역시 이 지역에 대한 정치적 관심을 갈수록 더 표명하고 있다. 그러나 무엇보다 유라시아 발칸은 잠재적인 경제적 가치 측면에서 무한한 중요성을 지닌다. 거대한 매장량을 지닌 천연가스와 원유에 덧붙여 금을 포함한 중요한 광물 자원이 이 지역에 매장되어 있는 것이다."라고 기술했다.

브레진스키는 '세계 일등적 지위'를 구가하는 미국이 21세기에도 여전히 세계 정부적 역할을 담당하는 데 필요한 전략적 관점에서 유라시아 관리의 중요성을 역설하였다. 당시에는 미국의 첫 번째 적수로 러시아를 꼽았으나, 향후 러시아·중국·인도가 거대한 반미 동맹을 맺어 대항할 경우 미국에게 큰 부담이 될 것이라고 경계하였으며, 특히 중국이 향후 미국의 패권에 도전할 가능성이 있다고 예견하였다.

2. 주요 국가의 유라시아 정책

냉전 종식과 함께 구소련이 분열되어 중앙아시아에 여러 나라가 독립하고 석유, 천연가스 등 막대한 자원이 매장된 것으로 알려지면서 중앙아시아 지역에 대한 관심이 커지게 되었다. 현재 중국 이외에도 미국·러시아·EU 등이 유라시아 지역의 자원 확보 및 지정학적 우위를 확보하기 위해 경쟁을 벌이고 있는데, 중앙아시아를 포함한 유라시아 대륙을 관통하는 유라시아 실크로드, 즉 국제운송회랑을 매개로 각축전이 전개되고 있다. 유라시아 실크로드에서 주요 국가들 간의 이해관계가 교차 충돌하고 새로운 질서를 구축하려는 거대한 게임이 진행되고 있다.

각국의 구상은 공간을 지배하고 세력권을 확대하려는 의도를 가지고 있지만 유라시아를 하나로 연결해 관련국의 화물과 여객 및 자원을 수송하는 교통로 확대 등을 통해 경제 활성화를 촉진한다는 점을 강조하고 있다. 한편으로 주도권 확보를 위해 각축전을 펼치면서도 관련국들은 상호 간 연계를 통해 시너지 효과를 창출하는 방안에 대한 논의를 확대하고 있다.

(1) 미국의 정책

2011년 9월 당시 국무장관이었던 힐러리 클린턴은 중앙아시아 4개국을 순방하며 이 지역 국가들에 대한 투자를 통해 신(新)실크로드 경제권을 건설하겠다는 구상(New Silk Road Initiative)을 밝혔다. 아프가니스탄을 이웃 나라들과 연결해주고, 그들 모두가 평화와 안전을 도모함으로써 보상을 얻게 하는 확장된 상업 및 교류 네트워크로서 신실크로드 전략을 제기한 것이다. 이는 미국이 아프가니스탄 정세 안정과 재건을 위하여 주변 국가인 중앙아시아·인도·파키스탄 등 국가들 간의 물리적 연계성, 통상 및 교류 확대 등을 추진하겠다는 전략이다.

구체적으로는 천연가스 파이프라인을 건설하는 정책으로, 아프가니스탄을 경유하여 투르크메니스탄의 천연가스를 파키스탄과 인도에 공급한다는 계획이며, 중국 및 러시아를 배제하고 아프가니스탄을 핵심으로 중앙아시아-남아시아를 관통하는 국제운송회랑을 구축하여 유라시아 지역에서의 미국의 위상을 공고히 하겠다는 구상이다. 신실크로드 전략은 오바마 정부의 '아시아 재균형 전략' 일환으로 인식되고 있다.

(2) 러시아

러시아는 '신동방정책(New Eastern Policy)'을 통해 극동 지역 개발을 추진하는 한편, 유라시아 경제연합(EEU)의 출범을 주도하면서 유라시아 지역에 대한 영향력 확대를 도모하고 있다. 푸틴 대통령의 제3기 집권에 들어서면서 중국의 부상과 함께 세계 경제의 중심이 아시아로 빠르게 이동하고 있는 점을 감안하여 아시아·태평양 지역 국가들과의 협력을 중시하고, 이를 토대로 시베리아 및 극동 지역의 발전을 촉진시키려는 정책노선이 추진되고 있다.

이러한 푸틴 대통령의 아시아 중시 정책을 아시아로의 세력권 확장을 도모했던 19세기 러시아의 대외 정책인 동방 정책과 구별하여 '신동방 정책(New Eastern Policy)'으로 부른다. 러시아는 극동·바이칼 지역 사회경제발전 계획, 부총리급인 극동개발부 신설 등을 통해 아시아·태평양 지역 국가들과의 경제협력 강화를 추진하고 있으며, 시베리아 횡단철도(TSR)를 기반으로 아시아·태평양 지역 진출의 교두보인 극동 지역의 본격적 개발에 착수하였다.

러시아는 2015년 9월 외국 정부 인사와 주요 기업인들을 블라디보스토크로 초청해 각종 극동 개발 프로젝트들을 설명하고 사업 참여와 투자 유치를 위해 동방경제포럼을 개최하였다. 푸틴 대통령은 극동 개발에 주안점을 둔 신(新)동방 정책을 펴겠다는 의지를 밝히면서 선도개발지역 프로젝트, 블라디보스토크 자유항 프로젝트 등 야심찬 구상을 상세히 소개했다. 선도개발지역 프로젝트는 극동에 분야별로 특화된 경제자유구역(FEZ)과 유사한 여러 개의 산업기지를 조성해 정부가 인프라를 구축해 주고 각종 행정, 세제상의 특혜를 부여함으로써 입주 업체들을 끌어들이려는 사업이다. 블라디보스토크 자유항 프로젝트는 블라디보스토크 항을 비롯한 연해주 여러 지역을 홍콩·싱가포르 등과 유사한 세계적 자유항으로 개발하려는 계획이다.

한편, 러시아는 벨라루시, 카자흐스탄 등과 관세 동맹을 형성하였으며, 2015년 1월 유라시아경제연합(EEU : Eurasian Economic Union)을 창설하였고, 광궤철도를 보유한 유라시아 국가들과의 유대관계 강화를 도모하고 있다. 유라시아경제연합(EEU)은 러시아가 유럽연합(EU)에 맞서 만든 경제 연합체로 구소련 국가인 카자흐스탄·벨라루스·아르메니아 등이 모여 출범하였으며, 중앙아시아 등 유라시아 중심부 지역 국가들이 참여함으로써 관심을 받고 있다.

(3) 유럽연합(EU)

유럽연합(EU)은 동유럽 회원국을 확대해 트라세카(TRACECA : Transport Corridor Europe-Caucasus-Asia)라는 국제교통협력 프로그램을 통해 카스피 해-카프카즈-중앙아시아를 연계하는 유럽-아시아 복합 물류망 구축을 추진하고 있다. 트라세카(TRACECA)는 EU의 발의로 1993년부터 착수되었으며, 유럽-흑해-코카서스-카스피 해 중앙아시아로 연결되는 도로, 철도, 항공노선을 포함하는 국제운송 축을 개발하고자 설립된 기구로, 유럽연합과 동유럽, 코카서스와 중앙아시아 지역의 13개 회원국(터키·아르메니아·아제르바이잔·불가리아·그루지아·이란·카자흐스탄·키르기스스탄·몰도바·루마니아·타지키스탄·우크라이나·우즈베키스탄)으로 구성되어 있다.

또한, EU는 우크라이나 사태를 거치면서 러시아를 배제하고 중앙아시아와 연계하는 파이프라인 건설 계획을 추진하고 있는데, 러시아의 견제를 받고 있는 상황이다. 이와 관련하여 유럽연합(EU)·터키·아제르바이잔·투르크메니스탄 자원부 장관들은 2015년 5월 아슈하바트(Ashgabat)에 회의를 갖고, 풍부한 투르크메니스탄의 천연가스를 유럽으로 운송하는 트랜스-카스피 해 가스 파이프라인(Trans-Caspian gas pipeline) 건설을 위한 컨소시엄 구축 제안을 하고, 실무 그룹을 구성하여 추진해 나가기로 하였다.

(4) 일본

일본은 중국을 견제하려면 일본-하와이(미국)-호주-인도가 연계해 다이아몬드 대열을 갖춰야 한다고 제안하고 있는데, 소위 '안보-다이아몬드' 전략이다. 2014년 아베 총리가 인도 모디 총리를 도쿄로 초청하고,

이어서 스리랑카와 방글라데시를 방문한 것은 이를 강화하기 위한 포석으로 보인다. 최근 일본은 중앙아시아에 대한 관심을 적극화하고 있는데, 아베 총리가 2015년 10월 말 우즈베키스탄·카자흐스탄·타지키스탄·투르크메니스탄·키르기스스탄 등 중앙아시아 국가를 방문하였다.

이때 아베 총리는 중앙아시아의 경제 협력을 강화하겠다는 구상을 밝혔으며, 인프라 구축 사업 등에 3조 엔(약 28조 원)이 넘는 사업 기회를 만들어 나가겠다고 표명하였다. 특히, 우즈베키스탄 대통령과의 정상회담에서 발전시설 건설 및 의료센터 기자재 정비 등에 공적개발원조(ODA)를 제공키로 했다. 석유와 천연가스 매장량이 풍부한 카자흐스탄·투르크메니스탄 등과의 협력을 강화해 자원 조달처를 다변화하는 '에너지 안보'의 의미와 함께 유라시아 대륙의 동서를 육지와 바다에서 연결해 거대 경제권을 구축하려는 중국의 일대일로(一帶一路) 구상과 러시아의 역내 영향력 확대 모색에 맞서는 측면이 있는 것으로 분석된다.

(5) 인도

인도는 중앙아시아 5개국과 정무·안보·다자, 에너지·자원, 보건, 교육, 문화, 인적 교류, 정보통신 분야 협력 강화를 추진하고 있다. 인도도 중국의 인도양 주요 항만 확보 전략의 일환인 소위 '진주 목걸이' 전략에 맞서 '마우삼 프로젝트'(Project Mausam) 전략을 준비하고 있다. '마우삼 프로젝트'는 인도양 지역의 고대 해상 교역로와 문화적 연계성을 되살리는 것을 내용으로 하는 범국가적 이니셔티브로 동아프리카-아라비아반도-인도-스리랑카 지역의 중층 개발을 목표로 하고 있다. 인도를 중심으로 서쪽으로 아라비아 반도와 동아프리카, 동쪽으로 동남아시아 국가와 유대를 강화해 안정적 무역 항로를 확보하겠다는 것이다.

마우삼은 인도양 계절풍을 일컫는데, 옛 해상로 및 문화를 공유하고 있는 나라끼리 뭉쳐 지역 이해를 극대화하자는 의미이다. 한편, 인도는 남아시아지역협력연합(SAARC), 벵골만기술경제협력체(BIMSTEC) 등 인도가 주도하고 있는 역내 경제 블록 체제를 공고화하고 경제 블록 간 연결성 확대를 도모하고 있다.

(6) 한국

한국은 "유라시아 대륙의 단절과 고립, 긴장과 분쟁을 극복하고 소통과 개방을 통해 평화롭게 교류하고 공동 번영하는 새로운 유라시아를 건설한다."라는 모토를 내걸고 유라시아 이니셔티브 구상을 제기하였다. 유라시아 이니셔티브는 유라시아 지역의 지속 가능한 번영과 평화를 이룩하고자 한 협력 구상으로서 유라시아의 미래를 위해 역내 국가들과 함께 '하나의 대륙', '창조의 대륙', '평화의 대륙'을 만들어 나가자는 것이다.

유라시아 이니셔티브의 핵심은 유라시아 역내 교통·물류·에너지 등을 연계하는 것이며, 이를 위해 한반도와 중국, 러시아 등을 거쳐 유럽으로 연결되는 '실크로드 익스프레스' 사업을 제시했다. 실크로드 익스프레스 사업은 한반도 종단철도를 시베리아 횡단철도 및 중국 횡단철도와 연결해 유럽과 아시아를 포괄하는 운송로를 구축하는 계획이다.

제2장

일대일로 전략 추진 환경 조성

중국의 신지도부 출범
중국 정부의 혁신 정책 실시

제2장

일대일로 전략 추진 환경 조성

제1절 중국의 신지도부 출범

1. 중국의 18차 당 대회 개최

2012년 말에 개최되는 제18차 중국 공산당 대회를 앞두고 미국·일본·한국·홍콩·대만 등의 언론은 누가 중국의 차기 지도자가 될 것인지 그리고 누가 상무위원회에 진입할 것인지에 관해 분석 기사와 추측 기사를 쏟아냈다. 중국은 비밀이 잘 유지되는 나라이기 때문에 특종을 잡기란 여간 어려운 것이 아니다. 특히, 정치에 관해 확실한 정보를 확보하는 것은 불가능에 가깝다고 해도 과언이 아니다. 정보를 누설하여 발각되면 신상에 결정적인 영향을 주고 생명을 걸어야 할 경우도 있어 타인에게 함부로 말하지 않는다. 더구나 정치 지도자 변동에 관한 중요한 내용이 사전에 누설되면 대상자가 큰 불이익을 받을 수 있기 때문에 조심하고 또 조심한다.

그런데 왜 중국 정치에 관한 내용이 외국 언론에 사실처럼 그렇게 많이 보도될 수 있는가? 그 비밀은 홍콩에 있다. 영국 식민지 지배를 받고 있던 시기에 홍콩은 중국 대륙을 관찰하는 안테나 역할을 하였고, 정보의 집결

지였다. 그래서 많은 언론 매체들이 특파원을 파견하고 있었다. 한·중 수교 이전에 주요 한국 매체들도 홍콩에 특파원을 파견하고 있었다. 세계 각국 기관들도 중국에 관한 정보 수집을 위해 홍콩에 사무소를 두었다. 그런데 1996년 7월 1일 홍콩이 반환되면서 정보의 안테나로서의 홍콩의 역할은 많이 줄어들었다.

그러나 중국에 관한 정보와 관련하여 홍콩의 역할은 아직도 주목을 받고 있다. 홍콩인들은 중국에 많은 사업체를 가지고 있고, 같은 중국인이기 때문에 아무래도 중국 관료나 중요 인물들과 친밀한 관계에 있을 가능성이 커서 정보 접근도가 높다고 볼 수 있다. 그래서 홍콩 언론은 중국 정보에 좀 더 밝을 수밖에 없는 것이다.

또한, 중국 정부가 중요한 정책을 발표할 때에 곧바로 발표하면 큰 충격을 줄 수 있기 때문에 이 경우에는 홍콩 언론에 정보를 흘려 보도하게 하는데, 충격을 완화하기 위해 홍콩 언론을 이용하는 경우도 있다고 한다. 한편으로 중국의 일부 인사들이 자기에게 유리한 상황 전개를 위해 살짝 정보를 흘리거나 경우에 따라서는 사실과 다른 정보를 흘리는 경우도 있다고 한다. 그래서 홍콩 언론 관련해서 "모두 믿어서는 안 되고, 그렇다고 믿지 않아서도 안 된다."라는 말이 있다.

아무튼, 2012년 초부터 홍콩 언론들은 중국의 18차 당 대회에 관해 집중 보도하였으며, 외국 언론들은 주로 이러한 홍콩 언론을 인용하여 보도하여 중국 지도자 인선에 관한 기사로 넘쳐났다. 상무위원 인선과 관련해서는 시진핑, 리커창을 비롯하여 직할시 당서기인 위정성(俞正聲) 상하이시 당서기, 장가오리(張高麗) 톈진시 당서기, 보시라이(薄熙來) 충칭시 당서기 등이 기본적으로 거론되고 있었다. 보시라이는 부총리를 역임한 보이보(薄一波)의 아들로서 전형적인 태자당에 속하며, 다롄 시장, 당서기를 역임하면서 능력을 인정받았고, 상무부장을 거쳐 인구가 최대 직할 시인 충칭시 당서기를 맡고 있어 상무위원이 되는 것은 문제가 없을 것으로 여겨졌다.

그런데 그때 천지를 진동시킨 보시라이 사건이 터졌다. 보시라이 충칭시 당서기의 심복이었던 왕리쥔(王立軍)이 충칭시 공안국장에서 직위 해제된 직후인 2012년 2월 6일 미국 총영사관에 망명을 시도하였다. 왕리쥔은 다롄에서부터 보시라이의 신임을 받아왔는데, 보시라이(薄熙來)의 부인에 의해 영국인 사업가가 독살된 사건을 보고한 후 해임되어 신변의 위협을 느껴 주청뚜 미국 총영사관에 망명을 신청하였다. 중국에서 도저히 상상할 수 없는 엄청난 사건으로 세인들의 지대한 관심을 불러일으켰다.

국무장관을 역임한 힐러리 클린턴은 자서전 《힘든 선택들》(Hard Choices)에서 "왕리쥔이 미 총영사관에 있는 동안 보시라이에게 충성을 바치는 보안대가 총영사관 건물을 에워쌌다. 긴장된 순간이었다."라고 그때의 상황에 대해 썼다. 이때에도 홍콩 언론은 상당한 정보력을 자랑하면서 이 사건에 관한 보도를 이끌어 갔다. 보시라이 사건으로 인해 유력한 경쟁자 한 명이 탈락하였기 때문에 상무위원 인선은 보다 간명하게 되었다.

2. 시진핑 등장

그때 차기 지도자와 관련해서 1950년대 출생으로 17차 당 대회에서 이미 상무위원에 진출한 시진핑과 리커창의 치열한 경쟁이 전개되고 있으며, 후진타오 주석은 같은 공청단 출신인 리커창을 밀고 장쩌민 전 주석, 쩡칭훙 전 국가부주석 등 상하이방은 시진핑을 밀고 있어 공청단과 상하이방-태자당 연합 세력 간의 힘겨루기가 이루어지고 있다는 보도가 이어졌다.

중국 공산당 입당은 조건이 매우 까다롭다고 한다. 무엇보다도 능력이 있고 생활에 모범적이어야 한다. 그런데 약 8,000만 명으로 추산되는 중국 공산당원 중에서도 장래가 촉망되는 사람들은 공산당의 청년 전위 조직인 공청단의 간부를 맡으면서 고속 승진을 한다. 지방이나 중앙 막론하고 상당히 젊은 사람이 높은 직위에 있다면 공청단 출신이라고 보면 거의 틀림없다. 공청단 출신은 당, 정부, 국유기업 등 각계에서 두각을 나타내고 있다.

후진타오는 칭화대학을 졸업하고 공청단 출신으로서 고속 승진을 하였으며, 덩샤오핑에 의해 발탁되어 지도자 수업을 차곡차곡 받고 최고 지도자가 되었다는 것이 정설이다. 리커창은 베이징대학교 법학과를 졸업하였고, 후진타오의 관심 아래 허난성 당서기와 랴오닝성 당서기 등 요직을 거쳐 부총리가 되어 차기 지도자로 유력시되고 있는 상황이었다.

반면, 시진핑은 저장성 당서기 때까지는 두각을 나타내지 못하다가 상하이 지역에서 강력한 세력을 행사하고 있던 천량위(陳良宇) 당서기가 갑자기 경질된 후에 상하이 당서기가 되면서 차기 지도자 후보 반열에 오르게 된다. 시진핑은 부친이 부총리를 역임한 시중쉰(習仲勳)으로 태자방에 속한다. 후야오방(胡耀邦)의 정책을 지지했던 시중쉰은 덩샤오핑에 의해 후야오방이 권력을 잃는 와중에도 끝까지 곁을 떠나지 않은 것으로 알려져 중국 공산당에 명망이 높다. 후진타오가 리커창을 밀고 있다는 이야기가 많았지만 최종적으로 시진핑이 당 총서기로 선출되었다. 시진핑은 산시성 옌안시 옌촨현 량자허촌에서 16세 때부터 7년 동안 하방 생활을 하여 당 이념에 투철한 인물로 인식되었다고 한다. 옌안은 중국 공산당 혁명의 성지(聖地)이다.

참고로 후야오방은 개혁개방 초기인 1980년대 초중반에 다소 급진적인 자유화 조치를 시도하고 학생 시위에 미온적으로 대처했다는 이유로 보수파의 공격을 받다가 축출되었는데, 시진핑 주석이 2015년 11월 20일 당정치국 상무위원 전원이 참석한 가운데 개최된 '후야오방 탄생 100주년 기념 좌담회' 연설에서 후야오방 전 총서기에 대해 "역사책에 길이 빛날 공헌을 남겼다."라고 공개적으로 후야오방의 삶을 극찬하는 연설을 함에 따라 사실상 복권 조치가 이루어진 것으로 여겨진다.

그런데 당 대회 폐막 일자가 가까워지면서 시진핑 총서기가 중앙군사위 주석직을 동시에 이어받는 문제가 중요한 문제로 대두되었다. 덩샤오핑은 군사위 주석을 유지하면서 호령하였고, 천안문 사건 이후 장쩌민이 총서기에 이어 국가 주석으로 선출되었지만 상당한 기간 동안 군사위 주석은 물려주지 않았다. 장쩌민도 후진타오 주석 초기에 일정 기간 동안 군사위 주석을 유지하면서 수렴청정 정도는 아니지만 상당한 영향력을 행사하였다.

시진핑은 중앙군사위 주석직도 동시에 물려줄 것을 요구하였다는 보도가 이어졌다. 당 대회 도중에 갑자기 시진핑이 공식 석상에서 나타나지 않았다. 수영 도중에 허리를 다쳤기 때문이라는 설도 있었다. 2012년 18차 당 대회 폐막식 직후 11월 15일 내외신 기자 대면식[見面會]에 시진핑 총서기가 신임 상무위원들을 대동하고 건강한 모습으로 나타났다. 그 후 시진핑 주석이 허리가 아프다는 말은 한 번도 들리지 않았다. 결국 중앙군사위 주석직을 동시에 이어받기 위한 시위였다는 설이 설득력 있게 다가왔다. 군사위 주석직을 이어받는 것은 신임 지도자가 명실상부하게 권력을 이양받는 조치이다.

1. '중국의 꿈' 제시

중국 공산당 18차 당 대회에서 개혁개방 가속화 및 창신(創新) 방침이 천명되었다. 이어서 시진핑 주석은 '중국의 꿈'의 기치를 내걸었다. 총서기로 선출된 직후인 2012년 11월 29일 전체 상무위원을 대동하고 국가 박물관에서 개최된 '부흥의 길[復興之路]' 전시회를 참관한 계기에 가진 연설에서 '중화민족의 위대한 부흥'과 '중국의 꿈'을 언급한 이래 중국의 꿈 이야기는 계속되고 있다.

시진핑 주석은 중화민족의 위대한 부흥은 곧 근대 이후 중화민족의 가장 큰 꿈이라고 하면서, 중화민족은 많은 고난을 겪었으며 큰 희생을 치렀으나 이에 굴하지 않고 항거하여 자신의 국가 건설이라는 위대한 진전을 이룩하였으며, 개혁개방 이래 부단히 노력하여 놀랄만한 성과를 거양하였고, 이제는 역사상 어느 시기보다 중화민족의 위대한 부흥이라는 목표에 근접하였으며 미래는 밝다고 말하였다.

2. 시진핑 정부의 정책 특징

시진핑은 '중국의 꿈' 실현의 기치하에 마오쩌둥, 덩샤오핑과 같은 반열의 지도자가 되겠다는 의지를 가지고 있다. 시진핑 정책의 키워드는 한마디로 말해 혁신을 통해 국가를 발전시키는 것이다. 이는 과거 사례를 기계적으로 답습하지 말고 새로운 시각에서 추진해야 한다는 것이다. 그리고 그 목표는 개인적으로는 주도권을 확립하고, 국가적으로는 중국의 꿈을 달성시키는 것으로서 국내 정치, 국제 정치 및 경제 정책 등 거의 모든 정책에 적용될 수 있다. 이로 인해 시진핑 주석의 명망은 계속 높아지고 있다.

먼저, 국내 정치적인 측면에서는 총서기, 국가주석에 이어 군사위주석 직위를 일괄적으로 이어받고, 반부패 조치와 군중노선 교육으로 사회 분위기를 장악하며, '체제개혁심화영도소조' 등 다수의 영도소조 조장의 겸임을 통해 정치 주도권을 확보해 나가고 있다. 저우융캉(周永康)의 처벌은 정치국 상무위원은 경제 문제로는 형사적 처벌을 하지 않는다는 당의 관례와 묵계를 깨뜨리면서까지 진행된 사안으로서 다른 고위 공직자들에 대해 엄중히 경고하고 시진핑의 권위와 주도권을 공고화하는데도 의미가 있다.

후계자 선정 문제 관련 장쩌민, 후진타오 시대에는 차세대 지도자 예측 가능성이 높았으나 현재 차세대 지도자 선정 불가측성 노정되고 있으며, 시 주석이 차기 상무위원 선출뿐만 아니라 후계자 선정 작업에도 주도권 행사 가능성이 관측되고 있다. 특히 현재 젊은 세대로서 정치국원인 광둥 당서기와 충칭 당서기가 차기 지도자 반열에 오를 가능성이 가장 높지만 과거처럼 당연시되는 분위기는 약화되고 있다는 분석이다. 다른 인사가 다크호스로 부상할 가능성도 충분히 있기 때문이다.

둘째는 국제 정치적 측면이다. 시진핑 외교는 미국과의 '신형 대국 관계' 정립을 통한 국제 정치의 주도권 확립이 핵심 전략이며, 이 과정에서 미국에는 심기를 건드리지 않는 전략을 쓰고 있다. 또한, 러시아는 우군으로 확보하며, 일본은 포위 견제하고, 한국과는 긴밀히 하며, 중앙아시아 등 주변 지역 국가들을 포용하고, 핵무기를 개발하고 있는 북한, 그리고 미국과 관계 개선을 추진하는 미얀마는 냉담하게 대하는 등 다양한 전략을 구사하고 있다는 분석이다.

특히, 2013년 6월 미중 정상회담에서 시 주석이 "하나의 산에 두 마리 호랑이가 있을 수 없다(一山不容兩虎)"라는 속담을 부정하고, "태평양은 넓기 때문에 두 마리 호랑이가 살 수 있다."라고 말하면서 제시하였던 신형 대국 관계는 대미 외교 정책의 기본 방침과 철학이 되었다.

일본과의 관계에서 전격적인 방공 식별 구역 선포 및 댜오위다오(釣魚島)도 문제 관련 강경 대응 전략을 구사해 왔으나, 이제 어느 정도 주도권을 확보하였다는 판단하에 아베 총리와의 회담을 개최하고, 2015년 5월 대규모 일본 방문단을 접견하는 등 양동 작전을 구사하고 있다. '중국 인민 항일전쟁 및 세계 반(反)파시스트 전쟁 승리 70주년' 기념행사를 대대적으로 개최하여 아베 정권의 우경화를 경계하는 한편, 제2차 세계대전을 종식시킨 반파시스트 전쟁 승리가 아시아 전장에선 중국 중심으로 여러 나라가 힘을 합쳐 일제(日帝)를 타도했음을 강조하여 중국이 중심이 되고

항일 전쟁 승리 70주년 열병식

있음을 부각시켜 위상을 과시하였다.

셋째는 경제 정책 측면으로서 상하이 자유무역시험구, 해외투자 전략 [走出去], 제조업 육성 정책 및 외자기업에 대한 우대 철폐 등을 통해 자체 경쟁력 향상을 도모하고, '일대일로' 전략 및 아시아인프라투자은행(AIIB) 설립을 통해 국제 경제 주도권을 확보하려 하고 있다.

중국은 해외투자는 지금까지는 자원 확보가 주된 목적이었으나, 이제는 자국 기업 경쟁력 강화, 자국 기업의 세계적인 기업 육성에 주안점을 두고 해외투자 촉진 전략인 '저우추취(走出去)' 전략에 입각하여 적극적으로 해외 진출을 지원하고 있다. 2015년 1월 상무부가 발표한 통계에 따르면 2014년 중국의 해외투자액은 1,000억 달러를 돌파하였으며, 계속 상승하는 추세이다. 이제는 유수한 해외기업 인수(M&A)에 열을 올리고 있다.

제조업 강국으로 부상하기 위해 〈2025년 제조업 육성 정책〉을 표방하고, 특히 차세대 자동차 산업 주도권 확립을 위해 전기자동차 산업 육성을 대대적으로 추진하고 있다. 반도체는 중국이 원유보다 더 많이 수입하고 있는데, 최첨단 산업 분야의 기술력 향상 일환으로 반도체 산업을 육성하고 있다. 지금은 기술이 달리기 때문에 막대한 자금을 바탕으로 외국으로부터 유수의 기술을 확보하는데 주안점을 두고 있다.

중국 반도체 기업인 중신인터내셔날(中芯國際, SMIC)을 중심으로 화웨이(華爲), 벨기에 아이멕(IMEC), 미국의 퀄컴과 컨소시엄을 구성하며 '중신인터내셔날집적회로 신기술 연구·개발 센터' 설립을 추진하고 있다. 심지어 세계 유수의 미국 반도체 기업인 마이크론 인수를 추진하여 세계를 놀라게 한 바 있다. 미국으로서는 IT 산업뿐만 아니라 방위산업 및 우주 개발에 핵심적 역할을 하는 반도체를 생산하는 마이크론을 중국에 내줄 수 없을 것이다. 비록 마이크론 인수에는 실패하였지만 반도체 산업을 키우려는 중국 정부의 시도는 집요하게 계속될 것으로 본다. 최근에 중국 자본과 대만의 반도체 기술을 결합한 양안 반도체 협력 프로젝트가 추진되고 있어 주목을 끌고 있다.

2014년 말 외자기업 우대 정책 철폐에 관한 '국무원 62조'를 발표하여 외자기업 및 대만 기업 반발을 초래하였으나, 이를 의식하고 안정적인 경제 성장을 고려하여 '국무원 25조'를 내놓았다. 그런데 중장기적으로는 예외적인 경우를 제외하고 '내외자 동일 원칙'하에서 외자기업에 대한 우대를 철폐해 나갈 것으로 전망된다. 중국 휴대전화 '샤오미', '레노버'의 약진에 이어 중국 자동차가 판매량 급증 추세를 보이고 있는데, 중국 내수 시장에서 자국 기업 제품 강세 현상 추세는 시진핑 정부의 자국 기업 육성에 대한 관심과 더불어 더 강해질 것으로 전망된다.

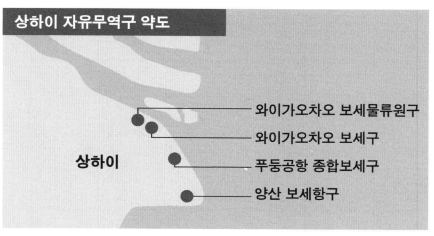

상하이 자유무역시험구 약도

3. 중국의 혁신 정책 추진 방식

중국 정부는 정책을 발표할 때 한꺼번에 전면적으로 하지 않기 때문에 내용이 없어 보인다. 그러나 어느 정도 시간이 지나면 내용이 꼭꼭 들어차고, 정책 이행도를 높여준다. 중국 정부의 정책 추진 특징을 '상하이 자유무역시험구' 정책 추진 방식을 사례로 분석하고자 한다.

첫째 신속하고 과감한 결정이다. 18차 당 대회에서 시진핑 체제가 출범하면서 제시된 '개방 가속화 및 혁신 정책' 기조하에서 자유무역시험구 정책 추진 방침이 결정되고, 2013년 3월 리커창 총리가 푸둥지구를 방문하고 수많은 관계 부서가 모여 협의를 거듭한 후에, 2013년 9월 푸둥 네개 보세구에 '상하이 자유무역시험구'가 출범되었다.

상하이 자유무역시험구에서는 금융, 투자, 통관 및 무역, 서비스 개방, 분규 해결 제도 등 광범위한 분야에 걸쳐 혁신 정책이 추진되고 있다. 금융, 통관 등 각 분야에서 기득권을 가지고 있는 관료들의 소극성이 노정되었으나 과감한 결정으로 돌파하였다는 말이 있다. 한편, 전인대를 통과한 법률 규정뿐만 아니라 공고, 통지, 결정, 의견 등 조치를 통해 여러 가지 정책을 신속하고 유연성 있게 추진하여 효율성을 제고하고 있다.

둘째, 철저한 점검으로서 당 정치국 상무회의, 국무원 상무회의, 지도자 현장 시찰, 좌담회 개최 등 다양한 방식을 통해 정책 실시 상황을 점검하고 정책, 이해 관계자들과 소통한다. 상하이 자유무역시험구 출범 후 2014년 5월 시진핑 주석 방문, 2014년 9월 리커창 총리 방문 등을 통해 추진 실태를 현장에서 직접 점검하고 각계의 의견을 수렴하였다. 실무 부서에서는 세칙을 만들고 정책을 시행한 후 효과가 있는지 지속적으로 점검하고, 관련 기관, 기업 등의 의견을 수시로 듣고 정책 제안을 받아들여 정책을 수정해 나간다.

셋째, 중국이 강점을 가지고 있는 지속적인 추진이다. 한국 같은 경우 발표할 때는 요란하나 정책 계속성은 문제가 있는 경우가 많다. 특히 정권이 교체되거나 장관이 바뀌면 정책 이행도가 급격히 떨어진다. 그런데 중국은 정책을 시행할 경우에 시범 지역을 선정하여 먼저 시험해 보고 점진적이고 지속적으로 확대 실시하는 경향이 있다.

당초 여러 지역에서 자유무역시험구 추진을 희망하였지만, 제1기 실시 지역으로 상하이만 허용하였고, 제2기로 톈진, 광둥, 푸젠을 선정하였으며, 현재 우한, 충칭, 청뚜, 시안 등 수십 개 지역에서 뛰고 있는데 제3기로 3~4개 정도가 지정될 것으로 예상되고 있다. 또한, 시진핑 주석이 2015년 11월 초 주재한 중앙 전면심화개혁영도소조 회의에서 〈자유무역시험구 실시 가속화에 관한 의견〉이 발표됨으로써 제3기 자유무역시험구 발표 시기도 빨라질 것으로 전망되는데, 자유무역시험구는 점진적이고 지속적으로 확대되어 나갈 것이다.

제3장

일대일로 전략 출범,
의미 및 배경

제3장

일대일로 전략 출범, 의미 및 배경

제1절 **일대일로 전략 출범**

---

1. 최고 지도자들의 언급

실크로드 경제 벨트[絲綢之路經濟帶]와 21세기 해상 실크로드[海上 絲綢之路]를 지칭하는 일대일로는 시진핑 국가 주석이 2013년 9월과 10월에 각각 중앙아시아, 동남아시아 순방 기간에 제기하였다. 시진핑 주석은 2013년 9월 카자흐스탄 방문 시 나자르바예프대학 강연 및 상하이협력기구(SCO) 정상회의 발언을 통해 중국 정부의 실크로드 경제 벨트 구상을 처음으로 제시하였다.

나자르바예프대학 강연에서 정책 소통[政策溝通] 강화, 교통 연계[道路聯通] 강화, 무역 원활화[貿易暢通] 강화, 화폐유통(貨幣流通) 강화, 민심 상통(民心相通) 강화 등 5개 방안을 제시하였는데, 모두 '통(通)'자가 포함되어 시 주석의 제안을 보통 '5통(通)'이라고 한다. 그때 개최된 상하이 협력기구 정상회의 발언을 통해 실크로드 경제 벨트에 관해 교통·물류 통로 개척, 무역·투자 편리화 협정 협의, 금융 분야 협력 강화, 에너지 클럽 설립 및 식량안보 협력 메커니즘 건립 등을 언급하였다.

또한, 시진핑 주석은 2013년 10월 인도네시아 방문 시 의회 연설에서 아세안 국가들과의 협력에 있어 중국의 주안점을 제시하면서, 윈윈 결과를 도출하는 협력의 일환으로 21세기 해상 실크로드 구상을 제시하였다. 이때 중국-아세안 FTA 업그레이드, 아시아인프라투자은행 설립 및 이를 활용한 기초 시설 연계성 구축, 중국-아세안 해상협력기금을 활용한 아세안 국가와의 해상 협력 강화 등을 언급하였다.

2014년 4월 리커창 총리가 보아오 포럼 개막식 연설에서 '실크로드 경제 벨트'와 '21세기 해상 실크로드'라는 용어를 함께 언급하였고, 보아오 포럼 '실크로드의 부흥' 세션에 참석한 양제츠 국무위원이 '실크로드 경제 벨트'와 '21세기 해상 실크로드' 두 구상을 합쳐 '일대일로(一帶一路)'라고 칭한다고 언급하면서 '일대일로' 용어가 공식적으로 제시되었다.

2. 일대일로 전략의 구체화

왕양(王洋) 국무원 부총리는 2014년 9월 1일 신장 우루무치에서 개최된 중국-유라시아 엑스포 개막식에서 "중국과 교역을 하고 있는 모든 국가들이 실크로드 경제 벨트 건설에 참여하는 것을 환영한다."라고 말하였다. 가오후청(高虎成) 상무부장은 2014년 7월 2일자 인민일보 기고를 통해 일대일로 전략은 중국이 새로운 대외 개방을 실시하고 일대일로 주변 국가와 공동 발전을 추진하는 데 있어 매우 중요한 의미를 가지며, '경제·무역 협력'은 일대일로 건설의 기초이자 선도로서 실크로드 경제 벨트 건설의 핵심인 '5통(通)' 실현에 큰 동력을 부여할 것이라고 언급하면서 구체적인 추진 계획을 다음과 같이 설명하였다.

첫째, 일대일로 건설은 개방적이고 포용적인 경제 협력 이니셔티브로, 원하는 국가나 경제 공동체는 모두 참여가 가능하며, 중국은 일대일로 주변 지역과의 협력을 추진해 무역·산업 벨트, 상호 연계 네트워크를 구성하고, 높은 수준의 경제·통상 협력을 추진할 예정이다. 둘째, 시장 개방을 상호 확대하고, 세관, 품질검사, 전자상거래, 국경 간 운송 등 전방위 협력을 심화하여, 일대일로 주변 국가의 무역 원활화 수준을 제고하고 역내 무역의 새로운 성장점을 발굴해 나간다.

셋째, 주변 국가와의 쌍방향 투자 협력을 확대하여 경공업, 방직 등 중국의 전통적 우위 산업의 해외 투자와 현지 공장 설립 유도, 시장 접근성 제고, 산업 업그레이드, 주변국 산업화 수준을 제고해 나간다. 넷째, 역내 기초 인프라의 상호 연계를 추진하여, 핵심 지역을 중심으로 6개 경제회랑을 통해 상호 연결과 소통을 촉진해 안전하고 높은 효율성을 지닌 네트워크를 조속히 구축해 나간다.

리진자오(李金早) 상무부 부부장은 2014년 8월 12일자 인민일보 기고를 통해 일대일로 전략은 중국이 육·해를 아우르고 동·서를 연결하는 전방위적 대외 개방의 새로운 국면을 형성하도록 하는 전략이라고 언급하면서, 추진 방안을 제시하였다. 실크로드 상에 있는 국가들 간 협력 강화, 실크로드 상에 있는 국가들 간 무역 편리화 수준 제고, 쌍방향 투자 수준 제고, 고효율·편리·안전을 갖춘 기초 시설 네트워크 건설, 금융 협력 강화, 지방정부 참여 강화, 초기 성과를 모범 사례로써 확산, 실크로드 상에 있는 국가 간 민간 교류·협력 강화 등이 추진 방안 내용이다.

야오젠(姚堅) 상무부 대변인은 2014년 2월 13일 기자간담회에서 실크로드 경제 벨트 건설과 관련 중앙아시아 국가들과의 경제·무역 분야 협력 성과와 향후 계획에 대해 언급하면서, 네 가지 분야별 계획 이행을 강조하였다. 첫째, 양자 무역 증진 방안으로 화물운수, 인력 이동 등의 분야에서 투자를 촉진하고, 전자상거래 등 혁신적인 무역 방식을 확대하는 한편, 위안화를 결제 통화로써 보다 적극적으로 활용한다. 투자와 기술 협력 확대를 통해 카자흐스탄 및 우즈베키스탄과의 원유·천연가스 무역을 증진하고, 중국의 기계 장비와 하이테크 상품의 수출을 촉진하며, 농산품과 같은 중앙아시아 국가들의 비교우위 상품의 수입을 확대한다.

둘째, 양자 간의 투자 확대 및 경제·기술 협력 제고 방안으로 조건이 성숙된 지역을 중심으로 국경 간 경제 협력 지대를 설립하여, 실크로드 상에 있는 국가들을 포함한 여러 국가에 대한 투자를 유도해 나간다. 셋째, 중앙아시아와의 연결 및 물류·운수 협력 촉진 방안으로 중국에서 중앙아시아로 이어지는 석유 가스관 시공·완료를 위한 기업 지원, 중-타지키스탄 고속도로 단계별 건설 관련 타지키스탄과의 협의 진행, '충칭-신장-유럽 국제철도'를 차질 없이 운영하기 위한 유관 부처와의 협력 강화, 거점 지역 간 농산품 신속 통관을 위한 'green channel' 개통 및 운영 등 실행이다. 넷째, 중국 서부 지역에 대한 고려로서 신장과 중앙아시아 국가들과의 협력 메커니즘을 강화하여 경제·무역 협력 기반을 조성해 나간다.

가오후청 상무부장은 2014년 8월 26일 중국 관영 언론매체인 신화사와의 인터뷰를 통해 21세기 해상 실크로드 구상의 중점은 군사·안보 협력이 아닌 경제 협력에 있다고 강조하면서, 세 가지 협력 원칙을 언급하였다. 첫째, 국가 내정에 절대 간섭하지 않으며 지역에서의 군사적 주도권을 추구하지 않는다. 둘째, 기존 지역 내 설립된 협력 시스템을 손상시키지 않으며, 이에 배체되는 새로운 협력 조직 또는 시스템을 설립하지 않는다. 셋째, 협력의 중점은 민심 상통과 정책 소통을 기반으로 한 무역 발전과 기초 시설, 금융 등 영역에서의 연계성 강화 및 윈-윈 효과 도출에 있다.

류젠차오(劉建超) 외교부 부부장은 2014년 3월 샤먼에서 개최된 2014 난양포럼 기조연설에서 21세기 해상 실크로드 건설이 중국-아세안 관계 발전 및 '운명 공동체' 건설에 기여하기 위한 여섯 가지 방안을 제안하였다. 첫째, 정치적 상호 신뢰 심화로 중국-아세안 간 미래 발전 원칙 확립을 통해 양측 전략적 협력에 있어 법적·제도적 보장을 제공한다. 둘째, 경제 통합 촉진으로 2015년까지 역내 포괄적 경제 동반자 협정(RCEP) 협상을 타결하고, 아시아·태평양 자유무역 지대를 건설한다. 셋째, 기초 산업 협력 추진으로서 어업, 농업, 에너지 영역 등에서의 대화·협력을 강화하여 지역 공급 사슬, 산업 사슬, 가치 사슬을 수립한다.

넷째, 기초시설 연계 강화이며, 아시아인프라투자은행(AIIB)을 통한 중대형 협력 프로젝트 발굴 등을 통해 '육·해·공·망(陸·海·空·網)'의 '4위 일체(四位一體)'라는 새로운 국면 진입을 도모한다. 다섯째, 인문 교류 긴밀화로서 금년 중국-아세안 문화 교류의 해 활동을 잘해 나가는 한편, 샤먼대학이 말레이시아에 설립하는 '중국-아세안 해양학원'에 대한 적극적인 지원을 모색한다. 마지막으로 해양안보 협력 강화로서 해양법 집행 및 해적 공동 대응 능력 배양에 있어 중국의 대아세안 지원을 강화하고, 현 지역 협력 메커니즘하에서 재난 대응 협력 메커니즘 건립을 추진한다.

3. 일대일로 전략의 정책화

2013년 10월 24~25일 이틀간의 주변 외교업무 좌담회[周邊外交工作座談會]가 개최되었을 때 '실크로드 경제 벨트'와 '21세기 해상 실크로드' 건설을 '일대일로' 전략으로 통합키로 하였으며, 2013년 11월 개최된 '18

기 3중전회'에서 '일대일로(一帶一路)' 전략 추진 방침이 공식적으로 결정되었다. 이 회의에서 채택된 중공중앙의 〈전면적 개혁 심화에 있어 몇 가지 중대 문제에 대한 결정〉 문건에 개방형 경제 체제 구축의 일환으로 실크로드 경제권 추진에 대한 내용이 포함되었는데, 내륙 변경 지역의 개방 확대의 방향으로 동부·중부·서부를 연결하고 남북을 잇는 경제회랑 형성, 인접 국가 및 지역 간 인프라 건설 가속화, 실크로드 경제 벨트와 해상 실크로드 건설 추진 등이 언급되었다.

2014년 2월 시진핑 주석은 러시아 푸틴 대통령과의 회담에서 '일대일로' 건설과 러시아의 유라시아철도(TSR)의 연결에 합의하였다. 2014년 3월 '12기 2차 전인대 회의'에서 국무원 총리가 정부 업무보고를 통해 일대일로 정책을 보고하고, 이 회의에서 보고 문건이 통과됨으로써 '일대일로'는 중국의 국가 전략이 되었다. 리커창 총리는 2014년 중점 업무로 '일대일로' 건설 계획과 중국-인도-미얀마 경제회랑, 중국-파키스탄 경제회랑 건설 추진을 언급하였다.

2014년 5월 19일 '실크로드 경제 벨트'의 최초 프로젝트로서 중국-카자흐스탄(렌윈강) 물류 협력 기지를 개통하였다. 2014년 12월 시진핑 주석은 중앙 경제 업무회의에서 '일대일로', 징진지(베이징-텐진-허베이) 협력 발전, 창장 경제 지대 등 3대 전략 중점 실시 방침을 천명하였다. 2015년 3월 5일 리커창 총리는 '정부 업무보고'에서 2015년에 '일대일로' 건설을 통해 전방위적으로 대외 개방을 추진해 나가겠다고 밝혔다. 2015년 11월 말레이시아에서 개최된 동아시아 정상회의 시 개최된 중국-아세안 정상회의에서 리커창 총리는 중국과 아세안의 '공동 운명체' 관계를 더욱 강화하고, '21세기 해상 실크로드' 플랜을 가속화할 방침임을 재확인하였다.

중국은 일대일로 전략의 금융 플랫폼으로서 2014년 5월 아시아신뢰구축회의(CICA) 기간에 아시아인프라투자은행(AIIB) 설립의 구상을 제기했고, 10월에는 아시아 21개 국가와 AIIB 창설 양해 각서를 체결하였으며, 10월 24일 21개국이 참여하는 아시아인프라투자은행(AIIB) 설립을 공식 선언했다. 2014년 11월 시진핑 주석은 APEC 정상회담에서 400억 달러의 실크로드 기금 조성을 통한 '일대일로' 관련국의 기초 인프라 건설, 자원 개발, 산업 협력 등 자금 지원을 약속하였고, 중국은 APEC 정상회의 기간 중에 실크로드기금 설립을 선포하였다.

제2절　일대일로 전략 추진 의미

1. 일대일로 전략의 정의

일대일로(一帶一路)는 실크로드 경제 벨트[絲綢之路經濟帶]와 21세기 해상 실크로드[21世紀 海上絲綢之路]의 끝 자를 따서 만든 신조어이다. '일대(一帶)'는 하나의 지대를 뜻하는데 중국과 중앙아시아, 유럽을 연결하는 '육상 실크로드 경제 벨트'다. '일로(一路)'는 중국에서 동남아시아·서남아시아를 거쳐 아프리카와 유럽에 연결되는 '해상 실크로드 경제 벨트'이다.

일대일로 프로젝트는 당나라(육상)와 명나라(해상)의 실크로드 옛 영광을 재현하기 위한 중국 정부의 대규모 대내외 프로젝트로서 중국에서 중앙아시아·동남아시아·중동 등 지역을 거쳐 유럽에 이르는 지역을 육로와 해로로 연결해 관련국들과 경제 협력을 강화하는 사업이다. 거시적으로는 일대일로 전략은 신중국 설립 100주년이 되는 2049년까지 향후 35년을 내다보며 아시아와 유럽 아프리카를 잇는 육상과 해상 실크로드를 따라 인프라 개발과 무역 증대를 통해 국익을 확보해 나가겠다는 장기적인 전략이다.

일대일로 전략 목표는 교통 연계망 구축, 무역·투자 활성화, 금융 분야 협력 강화, 에너지 및 식량 확보, 민간 교류 확대 방안 등이다. 주요 수단으로는 자유무역협정(FTA) 체결, 철도·항만 건설, 위안화 청산결제은행 설립, 아시아인프라투자은행(AIIB) 설립, 가스 파이프라인 건설 등이다. 교통 연계망 구축은 기업의 대외 진출을 위한 기반 시설을 제공하는 것이다. 무역·투자 활성화 방안은 기업의 대외 진출을 위한 법적, 제도적 기반을 창출하는 것이며, 아시아인프라투자은행(AIIB) 창설 등 금융 분야 협력 강화는 기업의 대외 진출을 금융적으로 지원하는 방안이다.

2. 일대일로 전략의 정책적 의미

일대일로 전략은 상하이 자유무역시험구와 더불어 중국의 제3차 대외 개방 정책이라고 할 수 있다. 1차 대외 개방은 1978년 12월 중국 공산당 제11기 3중 전회에서 개혁개방 방침이 결정되고 이듬해 선전(深圳) 특구를 시작으로 경제특구를 통한 발전이다. 1980년대에는 연해 개방으로 확대되었으며, 1990년대는 전방위로 개방이 확대되었다. 제1차 개방 시기는 중국의 개혁개방 정책이 소위 점·선·면으로 확대된 시기라고 할 수 있다.

2차 대외 개방은 2001년 WTO 가입으로 시작된다. 중국은 WTO 가입 이후 대외 수출 중심으로 가파른 경제 성장을 이루었다. 서부 대개발, 중부굴기, 동북진흥 등 지역 거점 개발 전략이 본격적으로 추진되었다. 그리고 전국 각지에 국가급 경제 개발구인 '신구(新區)'가 하나하나 들어선다. 2008년 미국발 경제 위기는 세계의 양대 시장인 미국과 유럽의 구매력을 약화시키면서 중국이 '세계의 시장'으로 부상하게 된다. 한편, 중국은 지속적인 경제 성장 실현을 위해 내수시장 확대 및 도시화 개발을 진행한다.

3차 대외 개방은 2013년 9월 말 상하이 자유무역시험구에 이어 일대일로 전략으로 이어진다. 제3차 대외 개방 정책은 산업을 고도화하고 제도를 혁신해 나가면서, 동부 연안에 치우쳐 있던 개발 전략을 본격적으로 서북부 내륙과 국경 지역으로 확장하고 나아가 실크로드 연선 국가로의 확대 등을 추진하는 적극적인 개방 개념이다. 다만, 제3차 개방은 완전히 새로운 것이 아니고 기존 개방의 확대의 개념이다. 서부 대개발과 중원굴기 지역은 실크로드 경제 벨트 지역에 포함되고, 동남부 지역, 동부 연안 선도 지역은 21세기 해상 실크로드 개발 지역에 포함되었다.

동북 진흥 지역 역시 실크로드 경제 벨트 지역으로 포함될 계획을 마련하고 있다. 또한, 징진지 경제 일체화 지역과 창장 경제 벨트 지역 역시 일대일로와 연결된다. 한편으로 중국은 주변 국가와 연결한 인프라 네트워크 건설을 추진하고 있다. 이렇듯 일대일로는 블랙홀처럼 중국 내 다량의 개발 프로젝트를 통합하며 확대된 개혁개방의 플랫폼을 마련해가고 있다.

3. 일대일로 전략의 특징

일대일로 전략은 중국 국내의 개발 지역을 주변국과 연결하며 내부의 개혁과 대외로의 개방을 동시에 추구하는 전략이다. 기존에 착수되고 국경을 초월하여 추진되고 있는 철도 및 도로망 연결 사업과 아시아 각지의 산업 단지 등은 모두 일대일로의 기반이자 실체로 인식되고 있다. 중국 측은 '일대일로' 전략은 다음의 네 가지 특징을 가지고 있다고 말한다.

첫째, 아태 지역을 포괄하여 새로운 시장을 개척하겠다는 목표이다. 둘째, 신실크로드 연선 국가와 지역의 정세가 상이함에 따라 각국 사정에 맞는 정책이 필요하다는 인식을 갖고 추진한다. 셋째, 리스크를 고려하여 중점 국가, 산업, 프로젝트를 신중히 선정하여 문제점을 해소하고, 경험을 통한 성과를 기초로 일대일로 건설을 가속화해 나간다. 넷째, 참여국들의 공공 서비스를 기반으로 하여 분업 세부화와 산업 심화를 촉진시키며, 혁신적인 발전 방향을 선정하여 시장과 정부 간, 그리고 국내외 간에 협력 관계를 구축해 나간다.

한편, 단순히 교통로의 구축이라는 개념을 넘어선 세력권 확보와 국제 정치 경제 질서의 재편의 의미를 지니고 있다는 지적과 관련하여 일대일로 전략은 마샬플랜과 비교되기도 한다. 이에 대해 왕이 외교부장은 '일대일로'는 '마샬플랜'보다 유구한 역사를 가진 정책이자 동시에 갓 나온 신생 정책으로서 마샬플랜과는 서로 비교가 되지 않는다고 단언하였다. 한편, 왕이 부장은 2015년 3월 15일 '12기 3차 전인대 회의' 기자회견에서 2015년 중국 외교의 관건으로서 '하나의 중점, 두 개의 주요선[一個重点, 兩條主線]'을 제시하면서, '하나의 중점'은 일대일로 추진이며, '두 개의 주요선'은 '평화' 및 '발전'이라고 언급하였다.

중국 정부는 친·성·혜·용(親誠惠容), 의리관(義利觀), 운명 공동체, 호혜공영(互惠共贏), 공동향유(共同享有) 등 다양한 구호를 지속적으로 개발하여 설파하면서 기존 강대국의 헤게모니적 정책과는 다르다는 점을 강조하고 있다.

4. 일대일로 전략 운영 방향

중국 측은 일대일로 전략은 개방적인 협력, 조화와 포용, 시장 메커니즘 및 상호 원윈을 견지하며, 시장이 주도하고 관(官)은 지원하는 역할을 맡을 것이라고 하고 있다. 또한, 일대일로 전략은 일방적인 원조 정책이 아니며, 다양한 경제회랑을 하나의 프레임으로 통합하여 운영의 효율성을 높이기 위해 추진된다고 표명하고 있다. 금융위기 이후 세계 경제 성장의 중요 원동력인 중국이 가지고 있는 우수한 생산 능력, 기술, 자본, 성장 경험을 바탕으로 공동 번영을 이루어낼 것이라고 주장한다.

아울러 일대일로 전략은 각국의 경제 성장과 정치적 상황을 고려한 정책 조정, 인프라 연결을 통한 상호 연계, 무역 투자의 원활화, 새로운 융자 모델의 개척을 통해 이루어질 것이라고 말하고 있다. 또한, 기존의 협력 메커니즘을 활용할 것이며, 당사국과 협력을 통해 공동의 로드맵, 아젠다, 프로젝트를 마련하고, 현지 전략을 조율해 나가겠다고 밝히고 있다. 아시아인프라투자은행(AIIB)와 같은 새로운 금융기관 설립을 통해 인프라 자금 부족 문제를 해결하고 상호 연계를 통해 공동의 자금을 운용하고자 한다는 원칙임을 표명하고 있다.

제3절 일대일로 전략의 추진 배경

1. 신성장 동력 확보

중국은 과거 30여 년 동안 연평균 10% 가까이의 고속 성장을 구가하였으나, 이제는 경제 성장률이 7%에 턱걸이하다가 6%대로 떨어져 고속성장기에서 중속 성장기로 진입하고 있다. 또한, 전환기에 직면한 중국 경제는 경기 부양책에도 불구하고 기준 설비 가동률이 70%대에 머무는 등 성장률 회복이 기대에 미흡하고, 서비스업 발전을 통한 일자리 창출 효과도 기대에 못 미친다는 분석이다. 이 때문에 2013년에 시진핑 주석은 중국이 고속 성장에서 중고속 성장으로의 전환을 의미하는 이른바 '신창타이(New Normal, 뉴노멀)'를 선언하였다.

현재 중국 정부는 창장(長江) 경제 벨트, 징진지(京津冀, 베이징, 톈진, 허베이의 약칭) 협동 발전, 신형 도시화, 자유무역시험구 등 일련의 정책을 통해 정책 재조정과 국내 시장 활성화를 추진하고 있는데, 모두 '뉴노멀' 전략과 연계되어 있으며, 신성장 동력 마련을 염두에 두고 있는 정책이다. '일대일로 전략'은 이보다 더 적극적인 정책이다. 해외 투자와 진출을 독려하여 대외 협력으로 뉴노멀 시대에 대응하고 어려움을 돌파해 나가려는 정책이다.

2. 잉여 산업 수출로 과잉 산업 문제 해소

2008년 글로벌 금융위기 이후 중국 정부는 대규모 경기 부양 정책을 실시하였는데, 관련 산업의 생산시설 증대가 경기 둔화 영향에 따라 과잉 산업(overcapacity)으로 나타나고 있다. 일대일로 프로젝트는 철도, 도로, 항만 등 대규모 인프라 건설을 유발하기 때문에 철강, 시멘트, 판유리, 알루미늄 등 중국 내 공급 과잉을 해소하고 내수 부진으로부터 오는 문제점들을 해소할 수 있다고 보고 있다. 이는 미국이 제2차 세계대전 후 유럽 부흥을 명분으로 추진한 마셜플랜을 통해 미국의 넘쳐나는 철강을 소화했던 전례를 들어 일대일로 사업이 중국판 마셜플랜으로 불리기도 한다.

한편으로 일대일로 프로젝트를 통해 철도, 발전소, 통신 등을 신흥국에 수출하고 인프라 투자를 확대해 국내의 잉여 생산력을 소비하려 하고 있다. 일대일로의 한 축으로 중국 북서부를 거쳐 중앙아시아를 지나는 노선을 고속철화하는 방안을 대안으로 염두에 두고 있는데, 과잉 생산된 철강을 사용하고 역내 교통망 연계의 허브가 됨으로써 인접국 개발에 직·간접적으로 참여하고 이를 통해 경제적 이익을 확보할 수 있다고 보고 있는 것이다.

또한, 과잉 생산설비 해소 방안으로 생산 시설을 이전 수출하는 방안을 적극 추진하고 있다. 공업정보화부 마오웨이밍(毛偉明) 부부장은 2014년 2월 있었던 기자간담회에서 올해 역시 산업 공급 과잉을 엄격히 제한할 것이며, 2017년까지 철강, 시멘트, 전해알루미늄, 평판유리, 조선 등 5대 공급 과잉 산업에 대해 설비 등 생산 능력 증축을 불허하고, 확장 건설 중이나 정부 지침과 상치되는 프로젝트에 대해서는 점차 정리해 나갈 것이라고 밝힌 바 있다. 이에 따라 중국에서는 허베이성 등 산업 시설이 집중된 지역을 중심으로 일대일로 연선 국가에 생산 시설을 이전 수출하는 방안이 효과적인 대안으로 떠오르고 있다.

3. 전면적 개방을 통한 지역 균형 발전 촉진

중국은 1978년 말 개혁개방 방침을 천명한 이후 덩샤오핑이 주창한 '선부론(先富論)'에 입각하여 동부 연안 지역의 발전을 추진해 왔으나, 중서부 내륙 지역을 핵심 거점 지역으로 개발하는 지역 균형 발전 촉진 전략으로 전환하고 있다. 이제 동부 연안에 집중되어 있는 시장과 자본을 서쪽으로 확대하여 낙후된 중서부 지역을 개발시키는 것은 주요 정책이자 우선 목표가 되었다.

일대일로는 서부 대개발의 업그레이드 버전으로 중국의 지역 불균형 발전과 도농 격차를 해소하고 이를 바탕으로 신장 등 소수민족의 독립 움직임까지 약화시키려는 야심찬 계획이다. 일대일로 프로젝트가 주로 낙후되고 소수민족 문제가 심각한 산시성(陝西省)에서 신장(新疆)위구르자치구로 이어지는 서북 5개 성(省)을 중심으로 추진되고 있는 것은 이 정책의 취지를 잘 나타내주고 있다.

나아가 중국 정부는 일대일로 전략을 통해 중국의 서부 개발과 중앙아시아 국가들에 대한 진출을 통합적으로 추진하고, 서북 지역인 신장위구르자치구, 간쑤성(甘肅省) 등 경제적 낙후 지역에 중앙아시아로 통하는 기초 시설, 물류망을 구축함으로써 지역 경제 활성화 촉진을 기대하고 있다. 아울러 서북 지역과 유사하게 소수민족이 많이 거주하는 윈난성(雲南省) 및 광시자치구 역시 동남아시아로의 접근성을 높임으로써 이 지역에 대한 경제 개발의 모멘텀 확보를 모색하고 있다.

4. 안정적인 에너지 수입원 확보

중국은 급속한 경제 발전과 소득 향상에 따라 에너지 소비량도 급증하고 있다. 이제 중국은 세계 최대 에너지 소비국이 되어 2020년 석유 수입량이 국내 소비량 대비 63~70%에 달할 것으로 전망되며, 안정적인 에너지 수입원 확보가 중요한 국가적인 과제로 대두하고 있다.

한편, 에너지 안보는 원유와 가스 수송로 안보라고 할 정도로 중국은 석유와 가스의 대외 의존도가 높고 원유 수입의 80%, 천연가스 수입의 50%, 그리고 전체 수출입의 42.6%를 말라카 해협을 통해서 운송한다. 따라서 해상 실크로드 건설을 통하여 안전한 수송로를 확보하고 수송로 다변화를 위해 중앙아시아의 풍부한 석유와 천연가스를 확보하는 것이 중국의 에너지 안보에 매우 중요하다. 해상 실크로드를 통해 중동과 아프리카로부터의 원유·천연가스를, 육상 실크로드 경제 벨트를 통해 중앙아시아의 풍부한 지하자원을 안정적으로 확보하려 하고 있다.

중국의 에너지 및 자원 수요의 폭증은 유라시아 지역의 에너지 수급 및 수송 구도를 크게 변화시켜 유라시아 대륙을 가로지르는 에너지 운송의 필요성과 중요도를 높였다. 중국-중앙아시아 가스관 3개가 이미 완공되어 운송 중이며 현재 건설 중인 제4의 가스관이 완성되면 중국은 가스 수입의 40%를 중앙아시아에 의존하게 된다. 중국은 실크로드 경제 벨트와 해상 신실크로드가 에너지 안보의 양대 날개축으로 기능할 것으로 보고 있다.

5. 경제적 영향력 확대 및 경제 통합 주도권 확보

중국은 4조 달러에 이르는 외환을 보유하고 있어 세계 각국의 인프라 개발 수요를 충족시킬 수 있는 나라이다. 자금 지원을 받아 인프라 시설을 건설하고자 하는 수요는 엄청나다. 아시아에서만 2020년까지 인프라 개발 수요가 8조 달러에 이르고 아시아를 넘어 여타 지역의 국가들 교통 인프라 투자액도 5조 달러로 예상된다. 중국은 막대한 외환 보유액을 적절히 활용하여 주변국들의 개발 수요에 맞추면서 개발 프로젝트에 참여하고, 60개국이 넘는 실크로드 주변국들과 손잡고 경제 영토를 중앙아시아와 동남아시아 등지로 넓혀 전 세계적 영향력을 확대해 나가고자 하는 것이다.

일대일로 전략은 동아시아와 유럽 경제권을 연결하는 초대형 인프라로서 지역 경제 통합의 주도권을 확보하려는 포석이라는 해석도 있다. 동아시아 국가들의 적극적인 산업화 및 대외 개방 정책과 특히 중국의 발전 및 글로벌 기업의 동아시아 진출 등 요인으로 동아시아가 차지하는 경제 중요성이 커지고 있으며, 세계 경제 구조가 아시아 및 태평양 융합을 위주로 전환되고 있다.

중국은 국민총생산 규모 면에서 일본을 능가하고 세계 경제에서 차지하는 경제적 위상이 높아감에 따라 아시아 지역 경제 통합을 주도하는 데 관심을 갖게 되었다. 미국이 주도하는 태평양경제동반자협정(TPP)에 대응하여 중국은 육로와 해상 실크로드를 양대 축으로 아시아·유럽·아프리카 및 주변 해역을 모두 아우르고 동아시아와 유럽 경제권을 연결하는 것을 목표로 일대일로를 내세우고 있다는 분석이 있다.

중국은 2014년 11월 베이징에서 열린 APEC 정상회의에서 아시아·태평양 자유무역지대(FTAAP) 구축 로드맵을 마련해 참가국 동의를 얻어내는 데 성공하였으며, 일대일로 선상에 위치한 국가들과 정치, 경제, 문화 등을 포괄한 이익 공동체, 운명 공동체, 책임 공동체를 실현해 단일 경제권 형성을 추진하겠다는 방침을 발표하였다.

2015년 10월 TPP 협상이 타결된 후 오바마 대통령은 "중국과 같은 나라가 세계 경제 질서를 쓰게 할 수는 없으며, 세계 경제 질서는 중국이 아닌 미국이 주도해야 한다."라는 점을 역설하였는데, 앞으로 중국의 '일대일로 전략'과 미국이 주도하는 TPP 간에 경제 주도권을 둘러싸고 치열한 경쟁이 예상된다.

6. 주변 외교의 확대 발전 및 적극적인 외교 전략

2013년 10월 건국 이후 처음으로 정치국 상무위원 7인이 모두 참석하는 '주변외교업무좌담회[周邊外交工作座談會]'가 개최되었다. 향후 5~10년간 중국 주변 외교의 전략 목표, 기본 방침 및 총체적 구조 확립 등에 관해 논의되었다. '중국 주변 외교의 최고위급 설계'라고 불린 이 회의에서 시진핑 국가주석은 주변 외교의 기본 방침으로 친성혜용(親誠惠容) 개념을 제시하였으며, '분발유위(奮發有爲)'라는 외교 추진 입장을 표명하였다. 중국 외교는 덩샤오핑의 '도광양회(韜光養晦)'에서 '분발유위'로 대변되는 적극 전략으로 전환되고 있다. 전문가들은 분발유위(奮發有爲, 분발하여 성과를 이루어 내다)는 중국이 2000년대 후진타오 시기에 추구했던 '유소작위(有所作爲, 적극적으로 일을 하다)'보다 더 적극적이며 국제 문제에 관여하여 국가 이익을 극대화해 나가는 전략이라고 분석한다.

한편, 이제까지의 주변 외교보다 적극적인 개념인 일대일로 전략은 정치·안보 분야 협력이 아닌 경제 분야 협력을 강조함으로써, 중국에 대한 주변 국가들의 경계를 다소 느슨하게 하는 효과를 기대하고 있다. 이는 뉴노멀(New Normal, 新常態)의 전개에 부합하는 환경 조성과 지정학적 환경을 자국 중심으로 적극적으로 조성하려는 의미가 있다. 많은 전문가는 일대일로 전략은 미국의 '아시아 재균형 전략' 등 동쪽으로부터 오는 거센 도전에 응전하기보다는 서쪽으로 적극 진출한다는 전략으로서 군사적인 대립과 직접적인 충돌은 회피하면서도 중국이 활용 가능한 자금을 동원하고 투자를 확대하며 인문 교류를 활성화하여 활동 공간을 확대해 나가겠다는 포석으로 분석하고 있다.

과거 중국은 '세계에서 가장 큰 발전도상국'이라는 점을 강조하였으나 이제는 그 점을 그렇게 강조하지 않는다. 신형 대국 관계와 중화민족 부흥의 위대한 '중국의 꿈'을 부쩍 강조함으로써 '강대국'이라는 인식으로 전환하고 있다. 나아가 '대륙 국가'라는 정체성에서 탈피하여 해양을 포함한 복합 국가 정체성으로 전환하고 있다. 일대일로 전략은 공간적으로 대륙과 해양을 망라하고 있으며, 세계를 전략 공간으로 보고 있다. 일대일로 전략은 중국의 주변 외교 개념을 대폭 확장시키고 있으며, 중국 외교의 패러다임의 전환의 중추 역할을 할 것으로 예상된다.

제4장

일대일로 전략
추진 체계 및 청사진

일대일로 정책의 추진 체제
일대일로 전략의 청사진

제4장

일대일로 전략 추진 체계 및 청사진

제1절 **일대일로 정책의 추진 체제**

1. 일대일로 건설영도소조 출범

2015년 2월 '일대일로 건설공작영도소조'가 출범하였다. 장가오리(張高麗) 상무 부총리가 '일대일로 건설공작영도소조'의 조장을 맡아 일대일로 프로젝트 건설을 총괄하고, 부조장은 당 중앙정책연구실 왕후닝(王滬寧) 주임, 왕양(汪洋) 부총리, 양징(楊晶) 국무위원, 양제츠(楊潔篪) 외교담당 국무위원을 임명하였다. 왕양 부총리는 경제 무역과 농업, 양징 국무위원은 각 부서와 지방 간 협력, 그리고 양제츠 국무위원은 대외 관계를 담당하는 것으로 업무가 분장되었다. 이로써 '일대일로' 프로젝트를 주도할 '일대일로 건설공작영도소조'지휘부인 '1정 4부(一正 四副)' 체제를 확정했다.

'1정(一正)', 즉 정 책임자인 조장(組長)은 당 서열 7위로 당 정치국 상무위원인 장가오리(張高麗) 상무 부총리다. 장가오리 상무 부총리는 시진핑 주석이 조장을 맡은 중앙전면심화개혁영도소조에서 부조장을 맡고 있다. 관측통들은 이를 근거로 일대일로 건설소조는 시 주석의 주도하에 추진될 것으로 전망했으며, 실무 사령탑은 장 부총리지만 시 주석이 큰 틀에서는 주도하게 될 것임을 시사하는 것으로 해석된다.

4명 부조장의 직책을 보면, '일대일로' 전략이 커버해야 할 범위가 얼마나 넓은지 짐작할 수 있다. 먼저 왕후닝은 '일대일로' 프로젝트의 기획자다. 왕양 부총리는 국무원에서 경제·무역, 농업, 빈곤 구제, 대외 원조를 담당한다. 양징 국무위원은 국무원 판공청 비서장을 겸임하면서 각 부처 및 지방 간 업무 협조와 규범을 조율한다. 외교부장을 역임한 양제츠 국무위원은 국무원 내 외교 사무를 관장하며 국내 정책과 외교 정책의 균형을 모색한다. 주목되는 인사는 왕후닝(王滬寧) 당 중앙정책연구실 주임이다. 그 동안 정치 무대 뒤에 있었던 왕후닝이 장쩌민 주석 이래 후진타오 주석 및 시진핑 주석에 이르기까지 '무관의 그림자 책사' 역할에서 탈피하여 일대일로 건설공작영도소조 부조장이 되면서 사실상 '국무'에 직접 참여한 것으로 볼 수 있다. 그는 막후에서 3대에 걸쳐 책사 역할을 해왔다.

자본가의 공산당 가입을 가능케 해 당 집권 기반을 확충한 장쩌민의 〈3개 대표론〉과 빈부, 도농, 지역 간 격차를 축소하는 균형 발전, 사회, 환경 문제를 중시하는 지속 가능한 발전, 첨단·신기술 산업 발전을 통해 발전의 질을 높여야 한다는 후진타오의 〈과학적 발전관〉 등 지도 이념을 만드는데 깊이 관여하고, 나아가 시진핑 주석이 주창한 '중국의 꿈'[中國夢]과 일대일로 전략을 만든 것으로 알려져 있다.

2. 중앙정부 및 지방정부의 역할

일대일로 전략 추진은 중앙이 구상을 수립하고 지방정부가 집행하는 하향식 방식을 취하고 있으나, 구체적인 실행 계획에서는 지방정부의 실행 방안이 반영되어 진화하는 상향식 접근이 주를 이룰 것으로 전망된다. 중앙정부에서 일대일로 실무 업무의 주축 부서는 '국가발전개혁위원회(발개위)'이며, 지방에서도 각 지방 정부의 '발전개혁위원회'가 실무 중추를 담당하고 있다. 한편, 중앙정부는 '일대일로 전략'을 국내 거시경제 관리, 경제 성장 구조 전환, 대외 외교 전략 추진 등 거시적이고 장기적 비전으로 추진하고 있는 반면, 지방정부(성급 단위)에서는 해당 지역의 경제 성장 전략으로 인식하고 있으며, '일대일로 전략'을 이용해 중앙정부의 지원을 받기 위한 경쟁을 치열하게 전개하고 있다.

제2절 　일대일로 전략의 청사진

1. 국가발전개혁위원회, 외교부, 상무부 공동 문건 발표

중국 정부는 대외적으로 여러 국가와 일대일로 건설을 위한 협력 방안을 논의하고 구체 계획을 마련하는 한편, 대내 발전 전략이라는 측면에서도 일대일로 건설을 위한 방안 마련에 돌입하였으며, 국가발전개혁위원회를 중심으로 범부처적인 차원에서 일대일로 건설 청사진 마련 작업을 추진하여 왔다. 2015년 3월 28일 국가발전개혁위원회, 외교부, 상무부 등 3개 부서가 공동으로 〈실크로드 경제 벨트와 21세기 해상 실크로드의 비전과 행동〉을 발표하였으며, 이 문건에는 일대일로의 협력 내용과 방법, 로드맵 등이 담겨져 있다.

이 실행 방안(action plan)에서 '일대일로' 정책의 주요 협력 내용으로 정부 간 정책 소통, 교통 및 에너지 인프라 연결, 무역 자유화 추진, 금융 협력 강화, 인적 교류 확대 등이 제시되었으며, 이 중에서 교통, 에너지 인프라 구축 및 연결을 가장 우선시되는 분야라고 언급하였다. 기본적으로 일대일로 구상의 청사진은 기존의 개발 및 협력 사업들을 하나의 틀 아래에 묶으면서 새로운 사업들을 추가하는 방식으로 마련될 것으로 전망된다. 대표적인 추진 사업은 교통망 연계 사업, 항만 개발 사업 및 천연가스망 연결 사업이며, 아시아인프라투자은행(AIIB)이 새로운 사업에 해당된다.

2. 육상 및 해상 일대일로 노선(路線)

육상 및 해상 일대일로 노선

중국은 육상으로는 국제적인 통로를 이용하고, 실크로드를 연결하는 중심 도시를 기반으로 하고, 경제무역 산업 지대를 협력 플랫폼으로 만들어 국제 경제협력회랑을 구축하려고 한다. 해상으로는 주요 항구를 포인

트로 하고 안전하고 효율적인 운송 통로를 공동으로 건설하려고 한다.

중국 정부가 제시한 노선은 초기에 제시된 노선에서 약간 변경되고 일부 노선이 추가되어 3개의 육상 노선과 2개의 해상 노선 등 총 5개의 노선으로 이루어져 있다. 육상 노선의 첫 번째 노선은 중국-중앙아시아-러시아-유럽 노선이며, 두 번째 노선은 중국-중앙아시아-중동-페르시아만-지중해 노선이고, 세 번째 노선은 중국-동남아시아-서남아시아-인도양 노선으로 이루어져 있다. 해상 노선의 첫 번째 노선은 중국-남중국해-인도양-유럽 노선이며, 두 번째 노선은 중국-남중국해-남태평양 노선이다.

육상 노선의 첫 번째 노선은 신장위그르자치구를 빠져나가 카자흐스탄 북부를 관통한 후 모스크바를 경유하여 벨라루스와 폴란드를 경유하여 독일 뒤셀도르프에 이르는 노선이다. 두 번째 노선도 역시 신장위그르자치구를 빠져나가 카자흐스탄 남부와 우즈베키스탄 및 투르크메니스탄을 거쳐 이란을 경유하고 터키를 통해 동유럽을 거쳐 그리스와 이탈리아에 이른다. 세 번째 노선은 윈난성을 빠져나가 미얀마와 방글라데시를 거쳐 인도를 관통하여 인도양으로 나간다.

해양 노선의 첫 번째 노선은 푸젠성을 출발하여 남중국해를 지나 말라카 해협을 통과하고 인도양을 경유하여 아프리카 동안을 거치고 홍해를 지나 수에즈 운하를 통과하여 지중해에 닿는다. 구체적으로 푸젠성 취안저우(泉州)-광저우(廣州)-싱가포르-방글라데시-스리랑카-파키스탄-탄자니아-홍해-지중해로 이어지는 해상 물류망을 상정하고 있다. 두 번째 해양 노선인 남태평양으로 이어지는 남선은 기존 로드맵에 포함되지 않았던 것으로 새롭게 등장하였다. 정치적인 의미를 두고 인위적으로 추가했다는 인상을 주는데, 광활한 남태평양을 향하고 있다. 시진핑 주석이 2014년 말 호주에서 개최된 G20 정상회의에 참석한 계기에 남태평양은 해상 실크로드의 가장자리[邊沿線]라고 하면서 호주-뉴질랜드를 잇는 해상 실크로드 라인을 추가하였다.

3. 일대일로 전략의 5통 : 중점 협력 분야와 주요 내용

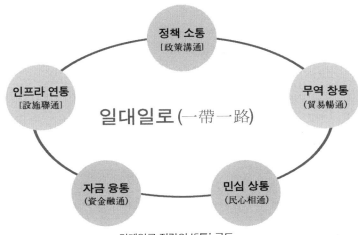

일대일로 전략의 '5통' 구도

국가발전개혁위원회, 외교부, 상무부는 공동 명의의 〈실크로드 경제벨트 및 21세기 해상 실크로드 전망과 행동〉 문건에서 시진핑 주석이 언급한 '5통' 즉 정책 소통, 인프라 연통, 무역 창통, 자금 융통, 민심 상통의 중점 산업 분야를 명시하였다.

일대일로 구상 관련 5통의 주요 내용은 첫째, 정책 조율 강화로서 일대일로 구상 관련 국가와 정책 교류 확대를 통해 지역 협력 기반을 구축하는 것이다. 둘째, 인프라 정비는 국가 간 기초 설비 건설 계획, 기술표준 시스템 연계 강화, 항만 기초 설비 건설, 육로 및 수로 연결망, 항공망 등 협력 강화, 에너지 기초 설비 연계망, 광케이블 등 상호 연결 및 건설 협력 강화 등이 포함된다.

셋째, 교역 활성화 촉진을 위해 공동 자유무역지대 건설 확대 추진, 검역, 인증 등 각국의 비관세 무역장벽 완화, 상호 간 무역, 투자 등의 협력 확대를 위한 다양한 형태의 규범 마련, IT, BT, 신에너지, 신소재 등 첨단산업 영역 협력 확대 등을 추진하며, 넷째 금융 협력을 심화하기 위해 AIIB 및 실크로드기금 등을 창설하여 운영하고, 다섯째, 민심 상통을 위해 문화 교류, 학술 왕래, 인력 교류, 미디어 교류 등 다각적 협력을 강화한다는 것으로 상세 내용은 다음과 같다.

(1) 정책 소통[政策溝通]

'일대일로' 건설 과정에서 정책의 소통을 강화해 나가는 것은 일대일로의 구축을 보장하는 중요 부분이다. 정부 간 다차원적이며 거시적인 정책 소통 및 교류 메커니즘을 적극적으로 구축하고, 정치적 신뢰를 촉진하고 협력에 대한 새로운 공감대를 마련해야 한다. 역내 협력을 추진하는 계획과 조치를 공동으로 제정하고, 협력 과정에서 발생한 문제들을 협상을 통해 해결함으로써 실무적인 협력을 하고 대형 프로젝트 실행과 관련한 정책적 지원을 해 나간다.

(2) 인프라 연통[設施聯通]

일대일로가 우선적으로 추진해야 할 분야이다. 각국의 주권 및 안보에 대한 우려를 존중하는 기초 위에서 연선 국가들의 인프라 건설 기획 및 기술 표준 시스템 간 연결을 강화한다. 기초 인프라 '후롄후퉁(互聯互通)'은 일대일로 건설의 주요 영역으로 다음과 같은 일련의 사업 영역을 포함한다.

첫째, 인프라 건설 계획과 기술표준 시스템을 결합한 국제 핵심 통로 건설을 추진한다. 아시아 각 지역 및 아시아·유럽·아프리카를 잇는 인프라 네트워크를 건설하고, 인프라 건설 시 녹색 저탄소 건설 및 관리를 강화하고 기후 변화 영향을 적극 고려한다. 둘째, 부족한 교통로 및 병목 구간 교통로를 우선 건설하여 도로 연결 수준을 제고한다. 통일된 운수 협력 시스템 수립하고, 국제 통관, 환적, 유기적 복합 운송을 촉진하며, 점진적으로 포괄적 규범의 운수 규칙을 제정하고, 국제 운수 편리화를 실현해 나간다.

셋째, 항만 기초 인프라 건설을 추진한다. 육상-해상 연계 운수 통로를 연결하고, 항구 협력 건설을 추진하며, 해상 물류 정보화 협력을 강화해 나간다. 넷째, 전면적인 민항 협력 플랫폼과 시스템을 개발하여 항공 인프라 수준을 제고한다. 다섯째, 에너지 기초 인프라 상호 연결과 협력을 강화한다. 원유 및 가스 운송 파이프라인 안전을 공동으로 보호하고, 국가 간 전력 공급관 건설, 권역 전력망 업그레이드와 개조에 협력한다. 여섯째, 국가 간 광케이블 통신망 건설을 추진한다. 국제통신 연결 수준을 제고하고, 정보 실크로드를 건설한다.

(3) 무역 창통(貿易暢通)

무역 투자 협력은 일대일로 건설에서 중요한 내용을 차지한다. 무역 투자가 원활히 이루어지도록 투자 및 무역 장벽을 해소하며, 역내에서 양호한 비즈니스 무역 환경을 구축하는 등 공동의 발전을 추진한다. 첫째, 연선 국가 간의 협력을 강화하여 WTO 무역 편리화 협정을 발효·시행한다. 비관세 장벽을 낮추고 기술 무역 조치의 투명성과 무역 자유화, 편리화 수준을 제고한다.

둘째, 무역 영역 확대, 무역 구조 최적화를 통해 무역 균형을 맞춘다. 창의적인 무역 거래 방식과 글로벌 전자상거래 등의 신규 산업을 발전시킨다. 또한, 건전한 서비스 무역 촉진 시스템을 구축하고, 전통 무역을 확대하고 현대 서비스 무역을 발전시킨다. 투자와 무역을 유기적으로 결합하여 투자를 기반으로 하는 무역 발전을 도모한다. 셋째, 투자 편리화 발전을 가속화하여 투자 장애물을 해소한다. 양자 간 투자 보호 협정을 강화하여 투자자의 합법적 권익을 보호한다.

넷째, 상호 투자 영역을 확대하고 주요 산업에 대한 협력을 진행하여 관련 국가 산업화 발전을 추진한다. 중국의 우수한 생산 능력을 연선 국가들과 함께 누리고, 관련국의 산업화를 촉진하며, 산업 사슬 구축과 산업화 수준 업그레이드에도 일조할 방침이다. 다섯째, 신흥 산업의 협력을 추진하고, 상호 보완, 상호 호혜의 원칙에 입각하여 연선 국가와 차세대 정보기술, 바이오, 신에너지, 신소재 등 신흥 산업 분야의 협력을 심화하고, 창업투자 협력 시스템 구축을 추진한다.

여섯째, 새로운 투자 협력 모델을 모색한다. 경외무역협력구, 해외경제 협력구 등 각종 산업연구단지의 협력 개발을 도모하여 산업 클러스터 발전을 촉진시킨다. 생태 문명의 이념을 각인시켜 투자 무역을 진행하고, 녹색 실크로드를 함께 건설한다.

(4) 자금 융통(資金融通)

자금 융통은 일대일로 건설을 뒷받침하는 주요 요건이다. 금융 협력을 심화하여 아시아 통화 안정 시스템, 투자 융자 시스템, 신용 시스템을 구축한다. 첫째, AIIB 및 실크로드기금을 창설하고 운영한다. 연선 국가 정부와 신용등급이 비교적 높은 기업, 금융 기구로 하여금 중국 내에서 위안화 채권을 발행하도록 돕는다. 조건에 부합하는 중국 경내 금융 기구 및 기업이 경외에서 위안화 채권과 외화 채권을 발행할 수 있도록 힘쓰고, 연선 국가들이 조성금을 사용할 수 있게 한다.

둘째, 금융 관리감독 협력을 강화한다. 양자 간 관리감독 협력 MOU 체결을 추진하고, 역내에 고효율의 관리감독 조정 메커니즘을 건설한다. 리스크 관리, 위기 대처, 금융 리스크 예방 시스템 건설, 신용조회 관리 등 분야에서 대응할 수 있는 글로벌 교류 협력 메커니즘을 형성한다. 셋째, 금융 협력을 심화하여 아시아 통화 안정 시스템을 추진하고, 주변국 통화 스와프 및 결제 범위와 규모를 확대하며, 아시아 채권시장 개발과 발전을 촉진한다.

(5) 민심 상통(民心相通)

민심 상통은 일대일로 건설의 사회적 근간이다. 실크로드의 우호적인 협력 정신을 이어받아 문화, 학술, 인적 협력, 언론, 청년 및 여성, 자원봉사자 등의 광범위한 교류 협력을 진행한다. 이는 양자, 다자 간의 협력의 기초를 굳건히 하고 심화하는 민심의 기초이다.

첫째, 유학생 규모를 확대하고 학교 설립에 협력한다. 중국은 매년 연선 국가 1만 명의 학생들에게 장학금을 제공한다. 연선 국가 간에 문화의 해, 예술제, 영화제, TV 주간, 도서 전시회 등 활동을 전개하고, 방송 프로그램과 우수한 드라마 작품의 창작 및 번역 작업에 협력한다. 세계문화유산을 공동 신청하고 보호 작업도 함께 진행해 나간다.

둘째, 관광 협력을 강화해 나간다. 여행 장려 주간, 홍보의 달 행사 등을 상호 개최한다. 실크로드 특색을 지닌 국제 우수 코스와 여행 상품을 개발하고, 연선 각국 관광객의 비자 간편화를 추진한다. 스포츠 교류 활동을 적극 전개하고, 연선 국가 국제 스포츠 행사 유치를 지지한다.

셋째, 주변 국가와의 전염병 정보 및 치료 기술 교류, 전문인력 육성 등에서 협력을 강화한다. 정당과 의회의 교량 역할을 하여 입법 기관, 정당 및 정치 조직 간 우호적 왕래를 촉진한다. 도시 교류와 협력을 전개하며, 우호 협력 관계 추진을 환영한다. 싱크탱크 간 공동 연구 및 포럼 개최를 환영한다. 민간 기구 간 교류와 협력을 촉진하며, 문화 매체의 국제 교류를 강화한다.

4. 일대일로의 추진 원칙, 방식 및 플랫폼

중국은 자국의 이념을 선전하거나 자국의 이익만을 위한 것이 아니라 여러 나라의 공동 발전과 상생을 위하여 '일대일로' 구상을 제안하였다고 표명하면서, 이를 위한 추진 원칙을 다음과 같이 설명하고 있다. 첫째, 공동으로 상의하고 공동으로 실행하며 성과를 공유하는 원칙이다. 협력 사업을 진행함에 있어서 공동 기획하는 초창기와 공동으로 실행하는 중반기, 사업을 진행한 후에 수익을 공유하는 후반기까지 전체적인 과정에서 관련 국가와 상의하면서 진행해야 한다.

둘째, 평등 원칙이다. '일대일로' 사업을 진행하는 나라는 규모의 크기나 강대국이거나 약소국에 관계없이 평등하게 대우하고 각자 강점과 적극성을 발휘하여야 한다. 셋째는 공개 원칙을 구현한다. '일대일로' 구상의 모든 의사결정은 공개 투명한 전제하에서 이루어지는 것으로 막후 결정이나 은밀하게 불공정하게 조작되는 것이 아니다. 또한, 개방과 점진적 원칙을 통해 '일대일로'의 건설은 중국 주변 국가에서 시작하여 여건이 마련되면 외부로 더 연장하며 과거 실크로드의 지리적 범위에 국한되지 않는다.

추진 방식은 정부의 지도, 시장 운영, 기업 주체, '프로젝트 선 인도'의 원칙 등이다. '일대일로' 구상은 포함되는 지리적 규모와 분야가 넓어 매우 복잡하기 때문에 정부의 지도적 역할이 필요하다는 인식이다. 중국 정부 당국은 각 나라의 정책 연계, 총체적 기획 수립, 중점과 난점 프로젝트 실행 및 시장 리스크 평가와 양허 측면에서 정부가 주도적 역할을 발휘해야 한다. 정부가 선도적, 보장적 역할을 발휘해야 민간이 적극적으로 참여할 수 있다.

정부에서 지도적 역할을 발휘한다는 것은 정부에서 모든 일을 도맡아 한다는 뜻이 아니라고 말하고 있다. '일대일로' 구상을 추진할 때에도 시장경제의 기본 원칙을 준수해야 하고 시장 규칙과 국제 관행을 존중해야 하며, 자원 배치에서 시장이 기초적인 역할을 발휘하도록 해야 하고, 기업이 시장 행위의 주체적인 역할을 발휘하도록 해야 한다. 구체적인 실행 측면에서 '프로젝트 선 인도'의 원칙에 따라야 한다. '일대일로'의 거시적인 구상은 최종적으로 모두 크고 작은 협력 프로젝트에서 구체화된다. 프로젝트의 기획과 실행에 있어서는 정부의 독단적인 결정도 아니고 시장에 전적으로 맡기는 것도 아닌 정부의 의도와 시장 운행을 접목하여 집행해야 한다.

일대일로 협력 메커니즘은 기존의 양자 및 다자 간 협력 메커니즘을 기반으로 하여 상호 보완 및 융합하는 방식으로 운영한다. 양자 협력 측면에서 '일대일로' 구상은 기존 연합위원회, 혼합위원회, 협의위원회, 지도위원회, 관리위원회 등 메커니즘의 역할을 발휘하는 데 힘을 모아 MOU 체결 혹은 협력 시스템 구축을 추진한다. 다자 협력 측면에서 '일대일로' 구상은 상하이협력기구(SCO), 중국−아세안(10+1), 아시아태평양경제협력체(APEC), 아시아·유럽 정상회의 (ASEM), 아시아협력대화(ACD), 아시아신뢰구축회의(CICA), 중국과 아랍국가연맹 협력 포럼, 중국-걸프협력회의 전략적 대화, 메콩강유역(GMS) 경제협력, 중앙아시아 지역경제협력체(CAREC) 등 다양한 협력 메커니즘이 포함된다.

5. 일대일로 전략의 대상 범위

일대일로 전략의 대상 범위는 철로와 도로, 산업단지, 항만시설, 그리고 공항 및 항공노선 등의 연계와 자원 인프라와 금융 인프라 구축 등이다. 중국은 일대일로를 통해 인프라 플랫폼을 구축하고, 국내와 연선 국가들을 연결하는 플랫폼으로 삼아 서로 연결하고 통하는 자유무역 시스템을 구축하겠다는 전략을 펼치고 있다. 아시아인프라투자은행(AIIB), 실크로드기금, 해상 실크로드 은행 등의 기금을 통해 일대일로 지역의 낙후된 인프라 시설을 개선하여 국제적으로 서로 연결할 수 있는 공간 플랫폼을 창출하겠다고 말하고 있다.

일대일로의 중국 국내 범위에 관해서는 다양한 의견이 나오고 있다. 특히 지방별로 지역 개발을 위해 자기 지역이 중심지라는 점을 강조하는 경향이 있다. 다수의 의견은 실크로드 경제 벨트는 시안(西安)에서 시작한다는 것이다. 일부는 중국횡단철도(中國橫斷鐵道, TCR : Trans China Railway)의 시작이 롄윈강이기 때문에 롄윈강에서 시작한다고 하고, 또 다른 일부는 최근 '이신어우(義新歐 : 이우-마드리드) 블록트레인'이 운행 중이기 때문에 이우(義烏)가 실크로드 경제 벨트의 시작이라고 할 수 있다고 말한다. 중국이 추진하는 일대일로 전략의 범위는 전국적인 단위이기 때문에 사실상 실크로드의 시작점을 논의하는 것은 큰 의미가 없다.

중국은 내륙이 14개 주변 국가와 연결되어 있고, 해상의 주변국까지 합치면 30개 국가와 연결되어 있다. 중국은 이런 주변국과 연결되어 있는 지방정부를 해외 투자 촉진[走出去] 전략의 창구로 활용하고 그 지방 정부와 연결되어 있는 내륙 지방을 배후지로 연계하여 발전시켜 산업 네트워크 공간으로 활용하고자 한다. 한편, 중국은 3대 삼각주(보하이만 삼각주, 창장 삼각주, 주장 삼각주)를 포함한 중국 연안 지역, 징진지(京津冀 : 베이징, 톈진, 허베이) 일체화, 창장 경제 일체화, 서부 대개발, 동북진흥 전략을 일대일로와 연계되어 추진한다는 입장을 강조하고 있다.

다음은 일대일로의 국제적 범위이다. 아시아·유럽·아프리카 지역 65개 국가와 지역의 인구 44억 명(세계 인구의 63%)이 직간접적으로 연결되는 것을 상정하였다. 이들 국가와 지역의 경제규모(GDP)는 약 21조 달러로 전 세계의 약 29%를 차지하고 있으며, 전 세계 상품 및 서비스 수출의 23.9%를 차지한다. 중국 정부는 일대일로 프로젝트의 관련 국가 범위가 고대 실크로드에 한정하지 않는다고 밝힘으로써 관련 국가는 더욱 확대될 것이다. 그리고 중국은 관련 국가들과 정상회담이나 양해각서 체결을 통해 일대일로 협력을 확대하고 공식화해 나가고 있다.

6. 경제회랑 추진

일대일로의 진정한 의미는 물류의 '중국화(中國化)'로서 모든 길이 중국으로 통하게 만드는 전략이다. 중국과 주변 국가 간에 철로, 도로, 석유·가스관 등을 연결하고, 항만을 건설·확충하여 물류를 소통시키겠다는 '후롄후퉁(互聯互通)' 구상이다. 중국은 중앙아시아·동남아시아는 물론 중동, 나아가 유럽까지 하나의 경제권으로 묶기 위한 '동맥' 연결 작업을 착착 진행하고 있다. 이러한 인프라를 토대로 6대 경제회랑을 추진하면서 자국과 실크로드 경제 벨트와 21세기 해상 실크로드의 연결을 추진하고 있다.

차항출해(借港出海 : 타국의 항만을 통해 해양 진출) 전략은 실크로드 경제 벨트와 21세기 해상 실크로드를 연결해 나가는 핵심이다. 예를 들어 파키스탄의 과다르 항과 신장위구르의 카스를 연결하는 인프라 건설을 진행하여 파키스탄을 통해 직접 인도양에 진출하여 석유 에너지 수입의 길을 확보하려 하고 있다.

6대 경제회랑은 중국－몽골－러시아, 신(新)유라시아 대륙 교량, 중국－중앙아시아－서아시아, 중국－인도차이나 반도, 중국－파키스탄, 방글라데시－중국－인도－미얀마(BCIM) 등이다. '경제회랑(economic corridor)'이란 주된 경제권을 철도, 도로 등 물류망을 중심으로 연결하는 프로젝트로써 일대일로 구상의 추진에 있어서 중추적 역할을 담당하게 된다.

(1) 신유라시아 대륙 교량

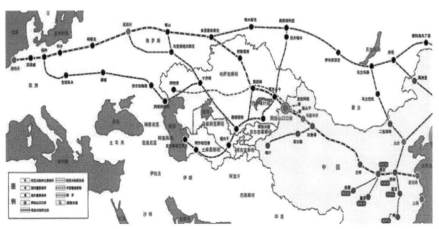

신유라시아 대륙교 (출처 : 신장아라산커우 정부 홈페이지)

중국 장쑤성 롄윈강, 산둥성 르쟈오(日照)에서 신장 아라산커우를 거쳐 네덜란드 로테르담에 이르는 국제 철도 노선이다. 이 노선은 란저우-롄윈강 철도, 란저우-신장 철도 등을 통해 중국의 동부·중부·서부로 연결되고, 중국 영토 밖으로는 카자흐스탄·러시아·벨라루스 및 폴란드를 거쳐 유럽의 여러 도시에 도달한다. 즉, 충칭-독일 뒤스부르크, 청두-폴란드 로즈, 정저우-독일 함부르크 등이다.

(2) 중국-몽골-러시아 경제회랑

2014년 8월 시진핑 주석의 몽골 방문, 2014년 5월 푸틴 러시아 대통령 국빈 방중과 2014년 9월 상하이협력기구 정상회의 개최 계기에 각각 이루어진 중·러 정상회담, 중·몽 회담에서 시진핑 주석은 중국 실크로드 경제 벨트, 러시아 유라시아 철도 및 몽골 초원의 길 이니셔티브를 연결하는 중·러·몽 경제회랑 건설을 제안하였다. 이에 대해 푸틴 대통령은 중·러·몽 3국에 새롭고 중요한 기회를 제공할 것이라고 언급하였으며, 엘베그도르지 몽골 대통령은 교통 인프라의 상호 연계와 국제운송 협력을 촉진할 것이라고 언급하면서 긍정적인 입장을 표명하였다.

2014년 9월 중·몽·러 3국 정상은 상하이협력기구(SCO) 두산베 정상회의에서 철도, 고속도로 연결과 건설을 강화하고, 세관 검색 및 통관 편리를 증진하며, 국경 간 협력 시스템을 제고하여 3국 간 경제회랑을 구축해 나가기로 합의하였다. 2015년 7월 러시아 우파시에서 3국 정상은 〈중·몽·러 3국 협력 중기 로드맵〉을 공식적으로 채택하였으며, 중국의 실크로드 경제 벨트와 러시아의 유라시아 대륙교 건설 및 몽골 '초원의 길' 이니셔티브를 서로 연결시켜 중·몽·러 경제회랑을 건설하기로 하였다.

(3) 중국-중앙아시아-중동 경제회랑

이 경제회랑은 카자흐스탄·키르기스스탄·타지크스탄·우즈베키스탄 및 투르크메니스탄 등 중앙아시아 5개국과 이란·터키를 포괄한다. 2015년 6월 산둥에서 제3차 중국-중앙아시아 협력 포럼 개최 시 채택된 공동성명에 실크로드 경제 벨트 공동 구축에 관한 합의가 반영되었다. 이에 앞서 중국은 타지키스탄·카자흐스탄·키르기스스탄과 각각 실크로드 경제 벨트 구축에 관한 양자 협정에 서명하였다. 또한, 중국은 우즈베키스탄과 실크로드 경제 벨트 구축에 관한 협력 문건을 채택하였다.

일대일로 관련국들 가운데 중국이 가장 중시하는 나라는 육상 실크로드와 관련해서는 중앙아시아 중심 국가인 카자흐스탄이다. 시진핑 주석이 바로 카자흐스탄 방문 시에 실크로드 경제 벨트를 제기한 측면도 있지만, 카자흐스탄은 일대일로 프로젝트에서 가장 중요한 요충지로 꼽힌다. 일대일로 경제회랑의 두 개가 바로 카자흐스탄을 기점으로 각각 러시아와 중동으로 갈려나가기 때문이다.

(4) 중국-인도차이나 반도 경제회랑

리커창 총리는 2014년 12월 방콕에서 개최된 제 5차 메콩강 지역 경제 협력 지도자 회의에 참석하여 중국과 인도차이나 반도 5개국 간의 협력 강화에 관한 제안을 하였다. 이 제안은 산업 협력뿐만 아니라 광범위한 교통 네트워크의 공동 기획 및 건설, 자금 펀딩을 위한 새로운 모델 창조, 지속 가능하고 협력적인 사회경제 발전 증진 등을 포괄하고 있다.

현재, 중국 쿤밍에서 동남아로 향하는 고속도로가 건설되고, 메콩강에 연해 있는 국가들을 동서, 남북으로 연결하는 고속도로 사업이 진행되고 있으며, 쿤밍에서 라오스·태국·말레이시아·싱가포르에 이르는 범아시아 고속철도 사업도 추진되고 있다.

해상 실크로드의 핵심은 아세안 국가들이며, 특히 아세안의 맹주적 위치에 있으며 중요한 해상 경유지인 인도네시아이다. 2013년 시진핑 주석이 인도네시아를 방문하였을 때 21세기 해상 실크로드에 대한 구상을 제기하였고, 인도네시아는 자국이 추진하고 있는 '해양 부흥 전략'이 중국의 일대일로와 교차되는 부분이 있다고 하면서 프로젝트 연계를 통해 협력을 해 나가자는 의견을 피력하였다.

중국은 2015년 10월 일본을 따돌리고 인도네시아 고속철 건설 사업을 수주하였다. 중국은 인접한 동남아와 중앙아시아·유럽까지 고속철로 연결해 21세기 실크로드를 구현한다는 목표를 세워놓고 있으며, 북미·남미까지 연결하겠다는 포석 아래 해외 진출을 밀어붙이고 있는데, 인도네시아 진출 성공으로 인해 고속철도 해외 진출 전략(저우추취 전략)이 탄력을 받을 것으로 예상된다.

(5) 중국-파키스탄 경제회랑

중국-파키스탄 경제회랑 (출처 : 鳳黃週刊)

리커창 총리의 2013년 5월 파키스탄 방문 시에 중국-파키스탄 경제회랑 개념이 처음으로 제시되었으며, 양국은 2013년 7월 경제회랑 발족을 선언하였다. 중국-파키스탄 경제회랑은 파키스탄 남부 과다르 항에서 중국의 신장위구르자치구 카스까지 3,000km를 연결하는 초대형 프로젝트이다. 2015년 4월 파키스탄을 방문한 시진핑 주석은 나와즈 샤리프 파키스탄 총리와 정상회담에서 경제회랑 건설에 관련한 30여 개 양해각서(MOU)를 비롯해 모두 51개의 양자 협력 관계에 관한 양해각서(MOU)를 체결했다.

여기에는 과다르 항구 개발, 과다르 국제공항 개발, 중국 신장위구르자치구와 파키스탄을 잇는 카라코람 고속도로 개선, 파키스탄 남부 카라치와 라호르를 잇는 도로 건설, 발전소 건설, 철도 건설 등 대규모 사업에 중국이 양허 차관(Concessional Loan) 등을 지원하는 계획이 포함되어 있다. 중국은 파키스탄 에너지와 교통 분야에 각각 340억 달러와 120억 달러 등 총 460억 달러를 '경제회랑' 건설에 투자하며, 이 계획이 실현되면 중국 정부가 단일 국가에 투자하는 역대 최대 규모가 된다.

중국은 미국이 말라카 해협을 봉쇄할 경우 자국의 생명줄을 쥘 수 있다는 점을 우려해 왔다. 자국 원유의 80%가 말라카 해협을 통해 운송되기 때문에 중국의 입장에서 볼 때 말라카 해협의 전략적 중요성은 엄청나다. 이와 관련하여 후진타오(胡錦濤) 전 주석은 중국이 말라카 해협의 딜레마에 빠져 있다고 경고하고, 이를 해결하는 방안을 찾는 것이 무엇보다 중요하다고 강조한 바 있다. 전문가들은 중국-파키스탄 경제회랑은 추진 과정에서 적지 않은 난관에 직면할 수도 있겠지만 계획대로 이루어지면 중국의 '말라카 해협의 딜레마' 해결의 전환점이 될 것으로 보고 있다.

⑹ 중국-미얀마-방글라데시-인도 경제회랑

중국-미얀마-방글라데시-인도 경제회랑

  2013년 5월 리커창 총리의 인도 방문 시에 중국-미얀마-방글라데시-인도 경제회랑이 제기되었으며, 같은 해 12월에 동 경제회랑 공동위원회 제1차 회의가 쿤밍에서 개최되었다. 2014년 10월에는 시진핑 주석이 인도를 방문하여 BCIM 국가들(방글라데시·중국·인도·미얀마)의 경제회랑 사업을 촉진하여 실크로드 경제 벨트 및 21세기 해상 실크로드 협력을 가속화해 나가기로 하였다.

  2015년 5월 모디 인도 총리의 중국 방문 계기에 이루어진 회담 시에 리커창 총리는 양국의 장점 활용, 상호 보완의 중요성을 강조하면서 기초시설(인프라) 건설, 산업화 현대화 프로세스, 방글라데시-중국-인도-미얀마(BCIM)를 잇는 경제회랑 개발, 철도, 산업단지 건설 등을 중요한 협력 분야로 제시했다. 중국 정부는 이때 인도와 100억 달러 규모의 경제협력을 하기로 합의하였는데, 쿤밍에서 육상과 해상으로 주변국과 연결되는 경제권을 형성하기 위한 BCIM 경제회랑 정책 추진을 위해 인도에 대한 공을 많이 들이고 있다.

제5장

일대일로 전략의 프로젝트별 추진 내용

철도망 연결 사업
항만 건설
가스관 건설

제5장

일대일로 전략의 프로젝트별 추진 내용

제1절 철도망 연결 사업

1. 국제화물열차

중국은 국내 철도 건설을 가속화하고 있는데, 이 철도들의 시발점과 종착점은 주변국과 맞닿아 있어 향후 건설되는 육상 실크로드와 연결되어 경제적 시너지 효과를 누릴 수 있다. 아울러 전략적으로 중국과 직접적으로 맞닿아 있지 않은 국가에 대해서도 철도 개통을 통해서 연계를 도모하고 있다. 현재 여러 개의 국제화물열차 노선이 개설되어 운송비용과 시간을 대폭 감소시키고 있다.

(1) 정신어우(鄭新歐) 국제화물철도

2013년 7월 중국 허난성 정저우–독일 함부르크 간 국제화물열차 시범운행이 개시되었다. 신장위그르자치구의 아라산커우를 통과하여 총 4개국(카자흐스탄·러시아·벨라루스·폴란드)을 거쳐 최종 목적지인 독일 함부르크에 도착하며, 총 길이가 1만 214km로 편도에 16~18일 정도 소요된다. 이 노선은 해상 운송보다 운송 시간을 20일 단축할 수 있다.

(2) 위에신어우(粤新歐) 국제화물철도

2013년 11월 광둥성 둥관-신장-러시아 모스크바 간 총 길이 약 2만 km의 국제화물철도가 개통되었다. 광둥 지역과 중앙아시아 5개국, 러시아 등 간의 교역 촉진에 기여하고, 향후 베트남·인도네시아·미얀마 등에서 생산된 제품들도 둥관 운송센터를 통해 러시아로 수출할 수 있다. 중국 정부는 이 철도를 네이멍구자치구에 건설 예정인 철도와 연결하여 극동 지역까지 연장시킬 계획이다.

(3) 창안하오(長安號) 국제화물철도

2013년 11월 중국 시안-카자흐스탄 알마티간 철도[창안하오(長安號)의 일부]가 개통되었다. 총 길이 약 3,866 km로 편도 6일이 소요된다. 창안하오는 시안-네덜란드 로테르담, 시안-러시아 모스크바, 시안-카자흐스탄 알마티 및 시안-카자흐스탄 리무 등 4개의 노선으로 구성되며, 1단계인 시안-알마티 노선이 개통된 것이다.

현재 창안하오 국제화물철도의 중국 내 화물 중에서 약 30%가 산시성의 것이며, 나머지 70%가 외지의 것이고, 중앙아시아에 수출된다. 창안하오는 중국에서는 자동차, 공정기계 등을 싣고 출발해 돌아올 때는 중앙아시아의 목화, 농산물 등을 싣고 오고 있으며, 화물량이 늘고 있다고 한다.

(4) 이신어우(義新歐) 국제화물철도

2014년 11월부터 저장성(浙江省) 이우시(義烏市)를 출발하여 카자흐스탄과 러시아·벨라루스·폴란드·독일·프랑스 등 연선 국가들을 통과하여 스페인 마드리드에 닿는 '이신어우(義新歐)' 화물철도 노선이 운행되기 시작했다. 이우(義)에서 신장위구르자치구를 거쳐 유럽(歐)으로 이어진다는 의미로 '義新歐'라는 이름이 붙여졌다. 해양 운수로 40여 일이 걸리던 물류 시간을 21일로 단축했으며, 지금은 화물 운송량이 많지는 않지만 이우가 세계적인 소상품 집산지인 점을 감안할 때 점점 증가할 것으로 예상된다. '이신어우'는 총연장 1만 3,052km의 세계 최장 철도이다.

(5) 위신어우(渝新歐) 국제화물철도

2014년 4월부터 중국 충칭과 독일 뒤스부르크를 잇는 '위신어우(渝新歐)' 철도가 개통되었다. '위신어우'는 충칭을 의미하는 위(渝), 신장(新疆)의 앞 글자 신(新), 유럽(歐洲)를 뜻하는 어우(歐)의 합성어로 충칭에서 출발해 신장의 아라산커우(阿拉山口)를 통과하고, 카자흐스탄·러시아·벨라루스·폴란드를 거쳐 독일 뒤스부르크에 이른다.

총 길이는 1만 1,179km이며, 화물은 종착점인 뒤스부르크에서 네덜란드·벨기에·프랑스·스위스 등 다른 유럽 국가로 환적이 가능하다. 해상 운송 및 해상 운송과 내륙 운송을 연계한 복합 운송의 방식을 선택할 경우에 운송 시일이 최대 40일이 소요되는 것에 비해 '위신어우'는 17일 정도만 소요된다.

(6) 렌신야(連新亞) 국제화물철도

2015년 2월 15일부터 '렌신야(連新亞, 롄윈강-신장-중앙아시아)' 정기 화물열차 노선이 개통되었다. 장쑤성(江蘇省) 롄윈강시에서 중앙아시아 카자흐스탄 알마타까지 이어지는 '렌신야' 정기 화물운송 철도 노선은 '일대일로' 건설의 중요한 성과 중 하나로 평가된다.

그밖에도 란저우에서 독일 함부르크까지 8,900km에 달하는 란저우하오(蘭州號) 국제화물철도가 운행되고, 우한-신장-유럽을 연결하는 한신어우(漢新歐), 쑤저우-몽골-유럽 구간의 쑤멍어우(蘇蒙歐) 국제화물철도도 운행되고 있다.

2. 고속철도 건설

중국은 2014년 말 기준으로 1만 6,000km를 건설하여 세계 고속철의 절반을 차지하고 있으며, 2030년까지 3만km를 건설할 계획이다. 중국은 가격 및 기술 경쟁력을 기초로 6대륙 고속철 시장에 모두 진출해 있는데, 국내 고속철 업체의 합병과 국가 지도자들의 고속철 해외 세일즈를 통해 해외 진출에 박차를 가하고 있다. 참고로 중국의 양대 고속철도 제조사 간 과다한 경쟁을 피하고 효율성을 높이기 위해 중궈베이처(中國北車·CNR)와 중궈난처(中國南車·CSR)가 서로 합병하여 '중궈중처'(中國中車)라는 거대 공룡 고속철도 회사가 탄생하였다.

중국 정부는 현재 20~30개국과 고속철 협력을 논의하면서 실크로드 경제 벨트 구축에 박차를 가하고 있으며, 2009년부터 유라시아 고속철, 중앙아시아 고속철, 범아시아 고속철 등 노선 건설을 추진하고 있다. 범아시아 노선은 착공하였으며, 유라시아·중앙아시아 노선은 협상이 진행되고 있다.

(1) 유라시아 고속철도

유라시아 고속철은 중국 신장에서부터 카자흐스탄 알마티를 지나 모스크바, 우크라이나 키예프, 폴란드 바르샤바, 독일 베를린, 프랑스 파리, 영국 런던까지 연결하는 구상이다.

(2) 중앙아시아 고속철도

신장에서 카자흐스탄·키르키스스탄·우즈베키스탄·투르크메니스탄·이란·터키를 연결하는 노선으로 향후 독일까지 연장이 가능하다. 이와는 별도로 중국과 러시아는 모스크바에서 러시아 연방 타타르스탄공화국 수도 카잔까지 이어지는 고속철도 프로젝트를 추진하고 있는데, 2018년에 베이징까지로 연장 계획도 논의되고 있다.

한편, 2014년 2월 시진핑 주석이 소치올림픽 기간 중 러시아 방문 시에 러시아 시베리아 횡단철도(TSR)를 유라시아 고속철과 연계하는 방안을 논의하였다. 향후에 렌윈강·시안·란저우·우루무치·아라산커우를 연결하는 중국 횡단철도(TCR)가 시베리아 횡단철도(TSR)와 간선을 통해 연결될 전망이다.

(3) 범아시아 고속철도

윈난성 쿤밍, 베트남·캄보디아·태국, 말레이시아·싱가포르를 연결하는 노선이다. 총 3개 노선으로 되어 있는데, 라오스·베트남·미얀마를 각각 경유하여 모두 태국 방콕을 거쳐 말레이시아를 통과하고 최종적으로 싱가포르에 닿는다. 그중에서도 라오스 노선이 가장 먼저 가시화되고 있다. 중국과 라오스 당국은 2014년 11월 초 아시아유럽정상회의(ASEM) 기간에 중국 수출입은행의 대출을 조건으로 윈난성 징훙에서 라오스 수도 비엔티엔까지 417km 구간을 착공하기로 하였다. 범아시아 고속철도가 실현되면 중국에서 동남아시아를 거쳐 남중국해로 이어지는 고속철이 실현되어 일대일로 구상이 구체화되는 것이다.

(4) 서북 고속철도 확장

신장 우루무치−간쑤성 란저우 간 고속철도가 2014년 6월에 완공되었으며, 2014년 말에 정식 개통되었다. 전체 노선을 평균 시속 200~250㎞로 운행하여 운송 시간을 기존 20시간에서 8시간으로 단축시켰다. 시안−간쑤성을 연결하는 고속철도 공사가 진행 중이며, 오는 2016년까지 중국 동부 장쑤성(江蘇省) 쉬저우(徐州)로 연장돼 3,176km의 중국 내 최장 고속철도가 될 예정이다. 신장을 기점으로 하는 국제 철도와 중국 간의 연계가 더욱 쉬워질 것이다.

제2절 항만 건설

1. 항만 건설 전략

중국은 원유 수송 등 안정적인 무역로 확보를 위한 제해권을 강화할 필요하다고 인식하여 해외 항만의 개발과 운영에도 적극적으로 나서고 있다. 이제 인도양을 넘어 아프리카로 이어지고, 유럽으로 가는 홍해, 지중해 거점까지 개척하고 있다. 이러한 중국의 항구 건설 협력에 대해 미국·일본·인도 등은 군사적 측면을 강조한 '진주 목걸이(String of Pearls)' 전략으로 명명하면서 중국의 영향력 확대를 경계하고 있다.

'진주 목걸이'는 중국 본토에서 아프리카 동안을 잇는 동남아 및 인도양의 에너지 해상 운송 루트상에 목걸이 모양으로 위치한 군사 및 상업시설 연계망을 지칭한다. 파키스탄 과다르(Gwadar) 항, 스리랑카의 함반토타(Hambantota) 항, 방글라데시의 치타공(Chittagong) 항, 미얀마 시트웨(Sittwe) 항 및 차우크퓨(Kyauk phyu), 예멘 아덴 항 및 모카 항, 탄자니아 바가모요 항, 지부티 항 등이 포함된다. 여기에 더하여 중국은 '진주 목걸이' 연선에 있는 캄보디아 시아누크빌 항, 몰디브 등의 항구를 확보하기 위해 적극적인 행보를 보이고 있다.

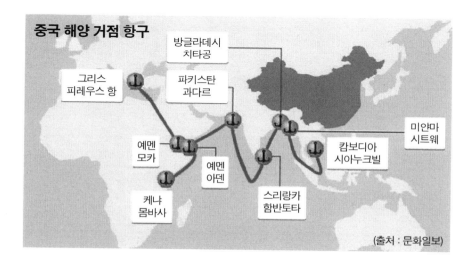

최근에 중국 해군사령관의 말레이시아 방문을 계기로 말레이시아 사바주 코타키나발루 항을 자국함의 중간 정류지로 승인받았다. 세계적으로 유명한 휴양지인 코타키나발루는 말레이시아 사바주의 주도(州都)로서 남중국해 바로 아래 보르네오 섬 북단에 있는 요충지다. 또한, 중국은 유엔 평화유지군 작전 참여와 아덴만 해역에서의 선박 보호 작전 강화, 인도적인 지원 등 명목으로 아프리카 동부 홍해의 요충지에 있는 지부티에 군사기지 건설을 추진하고 있다. 이러한 중국의 항만 확보 전략은 시진핑 지도부가 추진 중인 대양 해군 육성을 통한 해양 강국 실현, 군사굴기 전

략과 밀접한 관련이 있다는 분석이 나오고 있다.

2. 주요 항만 건설 내용

(1) 파키스탄 항만 건설

중국은 2013년 2월 파키스탄 과다르 항의 운영권을 인수하였다. 또한, 중국과 파키스탄은 과다르 항 자유무역구 부지를 장기간 임대하는 계약을 체결했다. 이 계약에 따라 중국 해외항구유한공사(Chinese Overseas Port Holdings, 중국 건축공정 총공사의 해외사업부에 소속)가 항구의 운영 및 관리를 담당하게 된다. 과다르 항은 중국의 자금 지원을 통해 공사가 진행되어 왔다.

한편, 2015년 4월 시진핑 주석의 방문을 계기로 파키스탄 과다르 항에서 신장위구르자치구 카스까지 3,000㎞ 구간에 철도, 도로, 가스관을 건설하는 경제회랑 사업을 공동 추진하기로 합의했다. 계획대로 경제회랑이 개통되면 중국으로서는 걸프해 연안과 페르시아 만 일대에서 수입하는 중동산 석유를 인도양에서 신장으로 운송하여 말라카 해협에 집중된 운송 부담을 해결할 수 있으며, 기존 말라카 해협을 돌아 들어오는 수송 루트를 9,000km 단축할 수 있게 된다.

아울러 과다르 항의 군사적 효용 가치를 감안할 경우 이곳을 해군 기지화할 경우 중국은 인도양에서 유력 경쟁국인 인도를 바로 코앞에서 견제할 수 있고, 군사 작전 반경도 넓힐 수 있을 것으로 예상되고 있다.

(2) 스리랑카 항만 건설

중국이 스리랑카 수도 콜롬보에 투자해 건설한 콜롬보 국제컨테이너부

두(CICT)가 2013년 8월부터 가동됐다. 중국의 공공 항구 운영 업체인 초상국(招商局) 국제유한공사가 지분 85%를 보유하고 있다. 또한, 중국의 차관과 기술 원조로 완공된 스리랑카 남부 함반토타(Hambantota) 항은 2013년 6월부터 가동을 시작하였다.

시진핑 주석은 2014년 9월 중국 국가원수로는 28년 만에 처음으로 스리랑카를 방문하여 파격적인 지원을 표명하고, 콜롬보 항구도시 공동 건설 프로젝트와 화력발전소 건설 등의 내용을 포함한 20개의 계약을 체결하였다. 콜롬보 항에 인공 섬을 건설하는 공동 건설 프로젝트는 중국교통건설[中交集團]과 스리랑카 국가항만사무국이 공동 추진하며 중국 측의 자본(약 14억 달러)이 투자되고 있으며, 개발지의 3분의 1은 중국이 보유해 개발하고 있다.

그런데 2015년 1월 스리랑카에 신정부가 들어서면서 중국 자본이 투입된 스리랑카 콜롬보 항구도시 개발 프로젝트를 놓고 중국과 스리랑카 간에 갈등이 확산되고 있다. 스리랑카 신정부는 개발 프로젝트 사업 근거 문서를 제출하라고 요구하며 사업에 제동을 걸었고, 특히 스리랑카 민간항공국이 이 프로젝트에 참여하는 중국 기업이 국유기업이기 때문에 중국 사법당국이 항구도시의 영공의 법적 지위를 규정할 가능성이 있다면서 콜롬보 항구도시의 영공이 중국에 의해 통제될 위험이 있다고 경고했다고 보도되었다.

(3) 몰디브 항만 건설

2011년 3월 우방궈 전인대 위원장이 당시 중국 고위인사로는 최초로 몰디브를 방문한 데 이어, 2014년 9월 시진핑 주석이 몰디브를 방문하였다. 이때 양국은 해양과 경제, 안보 등 분야에서 협력을 증진하기로 합의하고 투자 분야 등 9개 협정에도 서명하였으며, 중국은 몰디브 수도 섬인 말레와 인근 훌룰레 섬을 잇는 다리 건설 계획도 지원하기로 했다. 한편, 압둘라 야민 몰디브 대통령은 "몰디브는 중국이 제안한 21세기 해상 실크로드 건설을 환영하고 지지하며 적극적으로 참여할 준비가 됐다."라고 밝혔다.

(4) 방글라데시 항만 건설

방글라데시는 인도와 미얀마 시장의 중간에 위치하고 있고 중국으로서는 서부 지역을 통해 인도양으로 나갈 수 있는 단축 물류 루트가 될 수 있는 지경학적 요충 지역이다. 2013년 2월 중국은 방글라데시 치타공 항구 건설에 합의하고 87억 달러를 투자키로 결정하였다. 또한, 2014년 6월 중국–방글라데시 정상회담에서 방글라데시 하시나 총리는 방글라데시의 벵골만 소나디아 심수항(深水港)에 대한 중국의 건설 투자 유치 의사를 표명하였다. 소나디아 항은 대형 선박 기항이 가능하여 미래 기간 항만으로 기능할 것으로 전망되고 있다.

(5) 미얀마 항만 건설

중국–미얀마 송유관의 미얀마 기착지인 차우크퓨 지역에 중국이 20년 사용권을 가진 항구가 건설되고 있다. 차우크퓨는 미얀마의 옛 수도인 양곤에서 서북부 방향으로 500km가량 떨어진 벵골 만에 접한 조그마한 어촌 마을이었다. 중국은 차우크퓨의 수심(水深)이 25m로, 천연적으로 항구로서 적격인 곳으로 인도양에 진출할 수 있는 전략 요충지라는 점을 간파하고 일찌감치 눈독을 들여왔다.

중국과 약 2,200km의 국경을 맞대고 있는 미얀마는 중국이 인도양으로 진출할 수 있는 관문이며, 낙후 지역인 중국 서남부 개발을 위한 루트 역할을 할 수 있어 일대일로 전략을 추진하기 위해서는 미얀마의 협력이 필수적이다. 그런데 최근 아웅산 수치 여사가 이끄는 미얀마 야당이 압승하면서 중국에 의존했던 정책이 다변화될 것이라는 예상이다.

미트소네 댐 건설, 대규모 구리 광산 개발 등 중국이 미얀마에서 추진했던 주요 사업들에 제동이 걸렸었다. 앞으로 중국의 부상과 미국의 아시아 중시 정책으로 아시아를 무대로 미·중 간 경쟁이 심화되는 가운데 미얀마는 양국 사이에서 적절한 거리를 유지하고 균형을 취함으로써 최대한 실리를 챙길 것으로 예상된다. 미얀마의 항구를 확보함으로써 인도양에 진출하는 데 교두보를 구축하려는 중국의 전략이 어떻게 될지 주목된다.

(6) 중동, 아프리카 항만 건설

중국은 아프리카 해상 요충지인 예멘의 모카 항과 유럽과 아프리카−중동을 잇는 아덴 항의 운영권을 확보했다. 예멘에 화력발전소를 건설해 주고 부두 확장 공사로 장기 저리 소프트론까지 제공했는데, 2013년 예멘 대통령의 중국 방문 시에 예멘 항구 확장 건설 및 에너지 관련 양해각서를 체결하였다.

또한, 2013년 3월 시진핑 주석 아프리카 순방 시 탄자니아와 바가모요 항 개발을 위한 투자 개발 협정을 체결하였는데, 초상국(招商局) 국제유한공사가 2015년부터 건설하고 있다. 나아가 중국은 아프리카 동부 홍해의 요충지에 있는 지부티에 군사기지를 건설하는 데도 공을 들이고 있다. 중국 총참모장이 2015년 11월 9일 지부티를 방문, 자국 상선 보호를 위해 아덴 만에 파견한 중국 호위 함대가 지부티 항구에서 보급받는 현장을 시찰했다는 보도가 이어졌다.

중국 외교부 대변인은 2015년 11월 26일 정례 브리핑에서 중국과 지부티는 우호 국가로서 양국 간에 관련 시설 건설에 대한 협상이 진행 중이라고 밝혔다. 또한, 중국 외교부 대변인은 지부티 시설 건설은 중국 해군의 유엔 평화유지군 작전 참여와 아덴 만 해역에서의 선박 보호 작전 강화, 인도적인 지원에 초점이 맞춰질 것이라고 설명했다. 중국은 유엔 결의안에 따른 아덴 만 해역에서의 작전 수행 과정에서 장병들을 위한 휴식 장소 제공 및 병참 목적에서 이뤄지는 것이라고 강조하고 있는 것이다.

한편, 미군 고위 관계자는 지부티에 군 기지를 건설하면 중국의 영향력 확장을 위한 물류 중심지 역할을 할 것이라고 말했다. 군사기지 건설은 단순한 병참 기능 제공에서 나아가 국제사회에서의 중국군의 역할 강화, 아프리카에 대한 중국의 영향력 확대 등을 감안하여 추진하고 있는 것으로 보고 있는 것이다.

(7) 그리스 항만 건설

해상으로는 동남아 말라카 해협과 미얀마, 스리랑카, 유럽 그리스의 주요 항구를 연결하는 거대한 해상 통로를 연결함으로써 21세기의 새로운 실크로드를 건설한다는 계획과 관련하여 중국 지도자들의 그리스 방문이 잦아지고 있다. 리커창 총리는 2014년 6월 그리스 방문 시 약 50억 달러 규모의 무역 및 투자 협정을 체결하였다. 리커창 총리가 그리스를 방문한 지 한 달도 안 되어 시진핑 주석이 브릭스 정상회담 참석을 위해 브라질로 가는 길에 그리스를 깜짝 방문하였다.

이 같은 파격은 지중해와 유럽 남부의 관문인 그리스 피레우스 항 운영권 때문이다. 리커창 총리는 그리스 방문 시 "중국은 피레우스 항을 시작으로 유럽으로 통하는 내륙 지역의 고속철 건설에 참여하기를 희망한다."라고 강조했는데, 해상 실크로드의 유럽 기착지인 피레우스 항을 통해 유럽 대륙의 육상 실크로드를 개척하겠다는 것이다.

시 주석은 그리스 방문에서 피레우스 항 확장 및 주변 인프라 건설에 중국의 참여를 다시 확인하였다. 그리스 최대 항구인 피레우스 항은 유럽과 중동, 북아프리카 지역 등 지중해 전 지역을 오갈 수 있는 전략적인 요충지이자 실크로드 경제 벨트와 21세기 해상 실크로드 구축을 위해서도 중국에게 피레우스 항은 없어선 안 될 물류기지로 인식되고 있다.

제3절 가스관 건설

1. 중앙아시아 가스관

중앙아시아-중국 가스관(Central Asia-China Gas Pipeline : CACGP)은 2008년 7월에 착공되었고, 2009년 12월에 A 노선과 2010년 10월에 B 노선이 개통되었다. A, B 평행 노선(각각 1,833km)의 CACGP는 투르크메니스탄의 사만-데페(Saman-Depe) 가스전에서 시작하여 우즈베키스탄과 카자흐스탄을 통해 신장위그르자치구의 훨궈르스까지 연결되며, 서기동수(西氣東輸, West-East Gas Pipeline, 서부 지역 가스를 동부 지역으로 운송) 2기 가스관으로 연결되어 상하이와 선전까지 공급되고 있다.

2012년 12월부터 공급되는 중앙아시아 가스관의 A, B 노선 총 가스 공급량은 각각 연간 150억㎥으로 총 300억㎥를 공급하며, 사만-데페 가스전의 가스 공급량이 최고점에 도달하는 2015~2020년 사이에는 연간 400

억㎥까지 늘어날 전망이다. A, B 노선 건설을 위해 중국개발은행(China Development Bank)은 75억 달러의 차관을 제공하였다.

그리고 C 라인은 2014년 6월 준공되었으며, 투르크메니스탄에서 중국으로 천연가스를 수송하기 위한 총 1,830km 길이의 가스관으로 연간 250억㎥의 천연가스를 수송할 수 있다. 이 중 100억㎥는 투르크메니스탄에서 공급하고, 100억㎥는 우즈베키스탄에서, 그리고 50억㎥는 카자흐스탄에서 공급된다. C 라인은 당분간 연간 70억㎥의 천연가스를 공급하게 되며, 점차로 늘려가고 있다. 이에 따라 중앙아시아-중국 가스관 용량은 연간 550억㎥에 달할 전망이다.

중국-중앙아시아 간 네 번째 가스 파이프라인인 D 라인 건설 착공식이 2014년 9월 개최되었는데, 이 라인은 투르크메니스탄-우즈베키스탄-타지키스탄-키르기스스탄을 통과하여 중국에 연결된다. 연간 250억㎥ 용량의 D 라인이 준공되면 중국-중앙아 가스관의 총 수송 용량은 800억㎥(전체 중국의 가스 수입 물량의 40%)에 달할 것으로 예상되고 있다.

중국은 중앙아 가스관 연결을 통해 해상 운송보다 저렴한 가격으로 천연가스를 수입하고 있으며, 천연가스 수입선의 다변화도 가능하게 되었다. 한편, 중앙아시아 3국은 중국으로 천연가스를 수출하게 됨으로써 기존의 러시아 중심의 에너지 네트워크 의존에서 벗어나 천연가스 수출 루트를 다변화하고 경제적 이익을 확보하는 계기를 마련하게 되었다. 특히, 천연가스의 주된 수출국인 투르크메니스탄은 러시아에 대한 수출 의존에서 벗어나 중국을 통한 천연가스 수출 루트의 다변화와 적정 가격으로의 에너지 수출을 통해 경제적 이익을 얻고 있다.

2. 미얀마 가스관

중국-미얀마 간 가스 파이프라인은 2013년 6월에 완공되어 시험 운영을 거친 후 2013년 10월부터 수송을 개시하였다. 이 가스관은 미얀마의 서부 챠우크퓨(Kyaukpyu)에서 출발, 국경 도시인 윈난성 루이리를 거쳐 쿤밍을 지나 구이저우(貴州)성 구이양를 통과한다. 이어 광시장족자치구 구이강까지 이어진다. 지류는 구이양에서 서부 대개발의 중심인 충칭시로 연결된다. 이 가스 수송관은 25억 달러가 투입되었으며, 미얀마의 해상 천연가스전에서 생산되는 가스를 매년 120억m³수송한다.

한편, 대우인터내셔널은 미얀마 해상 가스전에서 생산한 가스를 대부분 중국에 판매하고 있으며, 이 가스도 미얀마 가스관을 통해 중국으로 운송된다. 미얀마에서 가스관과 나란히 가는 송유관도 운영되고 있다. 연간 2,200만 톤의 석유를 운송할 수 있는 중국-미얀마 원유 수송관은 2013년 말 완공되어 가동되고 있다.

3. 러시아 가스관

중국은 러시아와 2006년부터 연간 총 680억m³ 시베리아 천연가스를 동부(380억m³) 및 서부(300억m³) 노선을 통해 중국에 공급받는 것을 합의하고, 공급 조건 등에 대해서는 양해가 이루어졌으나, 공급 가격 문제로 인하여 천연가스 공급 협상을 타결하지 못하고 있었다. 그런데 러시아가 유럽 지역의 천연가스 수요가 줄어들고 우크라이나 크림반도 문제로 인하여 서방의 경제 제재를 받게 되자 아시아 시장으로의 진출이 시급해졌다. 그로 인해 2014년에 양국의 천연가스 공급 협상은 새로운 돌파구를 찾게 되었다.

　중국과 러시아는 2014년 5월 21일에 동시베리아 천연가스를 중국으로 공급하기로 하는 계약[中俄東線供氣購銷合同]을 체결하였는데, 2018년부터 30년간 공급된다. 그리고 동년 11월에 러시아는 서시베리아 가스전으로부터 중국의 서북 지역으로 30년간 천연가스를 공급하기로 합의하였다. 러시아가 동부 및 서부 노선을 통해 중국에 매년 판매하는 천연가스는 680억m³이다. 가스관 서부 노선은 러시아 서시베리아－알타이공화국－신장－서기동수 1기로 연결된다. 동부 노선은 러시아 동시베리아－중국 동북 지역 노선으로서 이 가스 파이프라인은 2018년에 완공되어 사용될 예정이다.

제6장

일대일로 전략의
금융 분야 협력

아시아인프라투자은행(AIIB)
실크로드기금, 브릭스은행, 상하이협력기구를
통한 금융 협력

제6장

일대일로 전략의 금융 분야 협력

제1절 아시아인프라투자은행(AIIB)

1. 아시아인프라투자은행 설립 제안 및 기능

시진핑 주석은 2013년 10월 아시아 순방 시에 수실로 밤방 유도요노 인도네시아 대통령과 회담하면서 아시아인프라투자은행(AIIB) 설립을 제안하였다. 이어서 2014년 4월 10일 보아오 포럼에서 러우지웨이(樓繼偉) 재정부장은 아시아에서 기초 설비 투자가 많이 부족한 상황이라고 말하고, 아시아인프라투자은행은 주로 인프라 개발을 목표로 할 것이라고 설명하였다.

중국 측은 "새로운 실크로드 구상을 재정적으로 지원하기 위한 금융 시스템을 마련하고자 AIIB를 설립하는 것이다."라고 설립 취지를 설명해 왔다. 좀 더 구체적으로 '접경 지역 교통 인프라 투자'를 추진해 왔으나 인접국과의 연계에 있어 상대 측의 교통 인프라 개발이 더뎌서 교통 인프라 건설 효과가 떨어지고 있어 아시아 지역 일대의 인프라를 개발하는 '일대일로' 전략을 제안하게 되었으며, 아시아인프라투자은행(AIIB)은 일대일로 프로젝트 실현을 위한 자금 조달 수단과 아시아 개도국들의 부족한 인프라 건설을 지원하기 위해 설립하는 금융 기구임을 내세우고 있다.

나아가 이제까지 이러한 인프라 건설을 위해서는 정부의 재원을 사용하거나, 기존 국제 개발금융의 지원을 받아야 했으나 두 방법 모두 한계가 있음으로 아시아인프라투자은행이 '접경 지역 인프라 투자'와 '일대일로' 계획을 실현시키기 위한 융자 플랫폼 역할을 할 것임을 밝히고 있다. 시진핑 주석은 2015년 2월 10일 주재한 중앙재경영도소조 제9차 회의에서 아시아인프라투자은행(AIIB) 설립 가속화를 지시하면서, AIIB 주요 임무는 아시아 인프라와 일대일로 건설에 대한 자금을 제공하기 위한 것이며 현존 인프라 융자 관련 국제 금융 시스템을 보완하기 위한 것이라고 강조하였다.

2. 아시아인프라투자은행 설립 경과

2014년 10월 24일 중국을 비롯하여 인도·파키스탄·몽골·스리랑카·우즈베키스탄·카자흐스탄·네팔·방글라데시·오만·쿠웨이트·카타르와 ASEAN 9개국(인도네시아 제외) 등 총 21개국의 아시아인프라투자은행(AIIB) 제1차 창립 희망 회원국 재무장관 및 수권 대표들이 베이징에서 AIIB 설립 양해각서를 체결하였으며, 초기 자본금 500억 달러 규모(추가적으로 1,000억 달러 수준으로 증액 목표)의 AIIB 설립을 선언했다.

시진핑 주석은 양해각서 체결식에 참석한 각국 대표들을 접견하면서 AIIB는 개방적이고 포용적인 지역주의를 가져야 하며 의향이 있는 모든 국가들의 적극적인 참여를 환영한다고 말하였다. 호주·인도네시아·한국 등이 체결식에 참석하지 않은 것에 대한 질문에 대해 외교부 대변인은 정례 브리핑에서 관련 국가들과 소통과 협상을 계속할 것이라고 답변하였다. 그 후 11월 25일 인도네시아 재무장관이 아시아인프라투자은행 양해각서(MOU)에 서명하였으며, 2015년 2월 요르단이 가입함으로써 27개 국으로 늘어났다.

미국이 AIIB 설립에 부정적인 인식을 갖고 반대를 표시하였으나 중국의 설득으로 참여 국가 숫자는 늘어갔다. 특히, 미국의 주요 우방이자 선진국 일원인 영국과 프랑스가 2015년 3월 AIIB 참여를 선언하면서 분위기가 완전히 바뀌었다. AIIB 참여국 대열 확장 흐름에서 백미는 영국의 참여다. 영국은 미국의 전통적인 우방이자 선진국으로서는 처음으로 참여를 선언한 것이다. 미국은 영국의 참여에 불쾌감을 공개적으로 감추지 못할 만큼 당혹해 한 것으로 알려졌다. 그 후 참여 국가가 크게 늘어났으며 중국 정부는 4월 15일에 57개 창립 회원국을 확정하였다.

이어서 2015년 5월 20~22일간 아시아인프라투자은행(AIIB) 제5차 교섭대표회의가 싱가포르에서 개최되어 57개 AIIB 예비 창립 회원국이 AIIB 설립 협정문에 최종 합의하였고, 6월 29일 베이징에서 설립 협정문 서명식이 개최되었다. 창립 회원국을 지역별로 보면 유럽에서는 주요 7개국(G7)인 영국·독일·프랑스·이탈리아를 포함해 18개국이 참여했으며 동남아국가연합(ASEAN)에서도 인도네시아 등을 비롯해 10개국이 창립 회원국에 이름을 올렸다.

또 한국·인도·브라질 등 주요 신흥국들과 사우디아라비아·아랍에미리트(UAE)·카타르 등 중동 국가들도 AIIB 설립에 동참했다. 대륙별로 보면 아시아 지역이 34개국으로 가장 많으며, 유럽 20개국, 아프리카 2개국, 아메리카 1개국 순이다. 미국·일본 등 기존 국제금융기구(WB, ADB,

IMF)의 주도 국가는 AIIB 참여에 대한 유보 혹은 거부 의사를 표명하였다.

3. 아시아인프라투자은행 운영 원칙

기본표(전체 투표권의 12%, 국별 2,474표), 창립 회원국 표(국별 600표), 지분표(출자액 10만 달러당 1표), 역내국과 역외국 간 지분 비중 75 : 25, 2013년 명목 GDP와 구매력 평가(PPP)를 60 : 40으로 혼합한 국별 GDP 산정 등 원칙이 정해졌다. 총 1,000억 달러 규모를 출자 총액으로 하면서, 투표권은 중국 26.06%, 인도 7.51%, 러시아 5.93%, 독일 4.15%, 한국 3.50%, 호주 3.46%, 프랑스 3.19%, 인도네시아 3.17% 수준에 합의하였다.

초기에 AIIB를 구상할 때는 중국 중심적인 성격의 금융 시스템을 제안하였으나 점차 보다 국제 표준에 입각한 다자적이고 개방적인 성격의 금융 시스템으로 변모하고 있다는 평가이다. 이사회 권한 강화 등 AIIB 지배 구조가 상당히 개선된 것으로 평가되었다. 아울러 주요 안건 통과 저지에 충분한 투표권 확보, 일부 이사회 권한의 총재 위임 절차 확보, 이사회 비상주화 등으로 중국의 핵심 이익이 확보된 것으로 인식되고 있다.

4. 아시아인프라투자은행 설립이 국제 금융 질서에 미치는 영향

전문가들은 아시아인프라투자은행은 중국이 미국과 일본 주도의 세계은행(WB), 국제통화기금(IMF) 및 아시아개발은행(ADB)을 견제하고 국제 금융시장에서 입지를 강화하며 중앙아 및 동남아 지역으로 경제력을 확대하려는 두 마리 토끼를 동시에 잡겠다는 야심찬 프로젝트라고 평가하고 있다.

아시아인프라투자은행 설립 구상은 국제 질서의 수용자에서 창조자로 변신하려는 중국의 의지를 보여준다. 중국이 제2차 세계대전 이후 형성된 미국 주도의 국제 금융 질서를 흔들고 있는 것이다. 미국은 AIIB 지배구조의 투명성이 담보되지 않았다며 AIIB 설립을 반대해 왔지만 속내는 자국이 만든 국제 금융 질서에 대한 위협으로 인식했다는 분석이다. 아시아인프라투자은행 설립이 20세기 후반을 지배했던 미·영·일 연합 금융 질서에 종언을 고하는 것으로 보는 것은 과도한 평가이지만, 분명한 것은 가장 강고한 것으로 평가된 기존 금융 질서에 심리적인 종언을 고한 전환기적인 사건이라고 평가할 수 있다.

한편, AIIB가 세계은행이나 아시아개발은행 같은 기존의 다자 개발 은행(MDB)들을 보완하며 투명하게 운영되고 아시아 지역의 발전과 세계 평화에 공헌한다면 AIIB는 성공을 이룰 것이고 세계 주도국으로서의 중국의 지위는 더욱 높아질 것이다. 반면, AIIB가 중국 중심으로 운영되고 중국이 아시아 지역에서 영향력을 독점하려는 목적으로 운영된다면 중국이 선언한 아시아 지역의 발전과 세계 평화에 대한 진정성은 의심받게 될 것이고, 오히려 미국이 주장하는 아시아 지역에서의 '중국 견제론'이 더 큰 탄력을 받게 될 것이다.

그러므로 중국이 미래 국제사회에서 미국과 더불어 G2 역할을 꿈꾼다면 중국은 독단적 방식이 아니라 다른 창립 국가들과 상호 논의와 협력을 통해서 AIIB를 이끌어가야 한다. 국가주의 성격이 강한 중국이 AIIB가 정식 설립되고 본 궤도에 어느 정도 올랐을 때에도 포용성과 개방성을 가지고 호혜 정신에 입각하여 AIIB를 운영할지 지켜볼 일이다.

5. 아시아인프라투자은행과 위안화 국제화

아시아인프라투자은행을 통해 많은 외화가 인프라 개발에 투자됨으로써 위안화의 국제화에도 진전이 있을 것으로 예상된다. 국제은행간통신협회(SWIFT)에 따르면 2015년 10월 초에 벌써 위안화가 일본 엔화를 제치고 세계 결제 통화 순위 4위를 기록하며 주요 통화로 올라섰는데, 일대일로 정책이 본격적으로 추진되면 위안화의 중요성은 더 커질 것으로 전망된다.

한편, 국제통화기금(IMF)은 2015년 11월 30일 워싱턴에서 집행 이사회를 열고 특별인출권(SDR) 통화 바스켓에 위안화를 편입하기로 결정했다. SDR은 그동안 달러화·유로화·엔화·파운드화 등 4종의 화폐로 구성돼 있었다. 위안화의 편입 비율은 10.92%로 정해졌다. 이는 달러화(41.73%)와 유로화(30.93%)보다는 낮은 것이지만 엔화(8.33%)와 파운드화(8.09%)보다는 높은 것이다. 위안화를 세계 3대 기축 통화로 인정한 셈이다.

SDR 통화 바스켓에 위안화가 편입됨으로써 일대일로 구상은 날개를 달게 됐다. 중국이 일대일로 프로젝트를 추진할 때 자본을 받아들이는 나라 입장에서는 어떠한 화폐를 사용할 것인지에 대한 고민을 할 수밖에 없는데, 위안화의 SDR 편입은 상대국이 위안화를 더 쉽게 받아들이도록 하는데 도움을 주게 될 것이기 때문이다.

일대일로 정책으로 '실크로드 경제 블록'이 구축되면 특히 중앙아시아에서는 위안화가 장기적으로 제1통화가 될 가능성이 크며, 동남아를 중심으로 한 중화 경제권이 이 지역을 아우르는 위안화 경제권으로 확대될 수도 있다. 특히 아시아인프라투자은행(AIIB)이 위안화 SDR 편입과 결합되면 시너지 효과를 발휘할 수 있다. 중국 정부는 위안화가 포함된 통화 바스켓을 아시아인프라투자은행(AIIB)의 결제 통화로 채택하는 방안을 추진하고 있어 일대일로 전략 전개에 따라 아시아 지역에서 위안화의 국제화가 빠르게 진행될 것으로 예상된다.

6. 한국의 아시아인프라투자은행 가입 및 역할

중국은 한국을 거점 국가로 중시하면서 참여를 이끌어내기 위한 노력을 멈추지 않았으며, 외교 채널을 통해 한국의 참여를 적극 권유하였다. 미국과 일본의 적극적인 반대로 주요한 돌파구를 찾지 못하던 AIIB 창설 준비는 2015년 3월 12일 영국 재무장관이 가입을 발표함으로써 급물살을 타게 되었다. 영국이 가입 의사를 밝힌 이후 독일·이탈리아·프랑스 등이 잇달아 참여 의사를 밝혔고, 한국과 비슷한 상황에 놓여 있던 호주 역시 참여 의사를 표명하였다. 이에 따라 한국 역시 큰 정치적 부담에서 벗어나 자연스레 2015년 3월 26일 참여를 공표하게 되었다.

한국의 투표권은 3.50%로서 중국·인도·러시아·독일에 이어 5위를 차지하였다. 그러나 한국은 역내 4위의 투표권을 보유하나, 이사국이 되기 위한 4.5%에는 미치지 못하는 실정이다. 앞으로 AIIB에서 역할을 강화하여 건설과 엔지니어링 부문에서 세계적 경쟁력을 갖춘 많은 한국 기업들이 AIIB의 활동으로 전개될 인프라 시장의 잠재력을 활용할 수 있도록 지원해 나가야 할 것이다.

제2절 실크로드기금, 브릭스은행, 상하이협력기구를 통한 금융 협력

1. 실크로드기금 조성

2014년 11월 APEC 정상회의에서 400억 달러 '실크로드기금'을 발표하고, 이어서 50억 위안 규모의 해상 실크로드 은행 설립을 발표했다. 시진핑 주석은 11월 8일 아시아태평양경제협력체(APEC) 비회원 국가 정상들을 초청해 '소통과 동반자 관계 강화를 위한 대화'를 개최하고 실크로드기금 조성 입장을 발표했다. 400억 달러 규모의 자금을 출연해 '실크로드기금'을 만들어 일대일로(一帶一路) 주변 일대의 도로 건설, 연해 국가의 기초 시설 건설, 자원 개발, 산업 및 금융 협력 소통과 관련된 프로젝트에 대한 투자, 융자를 지원하게 될 것이라고 밝혔다.

시진핑 주석은 일대일로 프로젝트는 시대의 요구와 발전을 위한 각국의 희망에 부응한 것이며 포용성을 지닌 거대한 발전의 플랫폼을 제공한 것이라고 설명하고, 일대일로 프로젝트를 통해 발전하는 중국 경제와 실크로드 주변 국가들의 이익이 결합하게 될 것이라고 강조하였다. 앞서 2014년 11월 4일 시진핑 주석은 중앙재경영도소조 제8차 회의를 주재하고 '일대일로(一帶一路)' 프로젝트와 아시아인프라투자은행(AIIB) 건립, '실크로드기금' 설립 문제 등을 논의하였으며, 이 자리에서 "AIIB 건립은 실크로드 국가들이 인프라를 건설할 때 자금을 제공하기 위한 것이고, 실크로드기금의 설립은 중국의 자금력을 활용해 일대일로 계획을 직접 지지하기 위한 것이다."라고 언급하였다.

실크로드기금은 우선 100억 달러 규모로 조성되며, 65억 달러를 외환보유액에서 충당하고, 나머지는 중국수출입은행, 중국개발은행, 국부펀드 등이 참여한다. 결론적으로 실크로드기금은 중국 정부 및 중국투자유한 책임회사, 중국수출입은행, 국가개발은행이 공동 출자하여 설립한 중장기 개발 투자 기금으로, 일대일로 전략 추진 과정에서 관련 투자·융자 서비스를 제공하며, 신흥 개발도상국의 도로나 철도 프로젝트에 장기적으로 투자해 나가는 기금이다.

2. 브릭스 신개발은행(NDB)

2014년 7월 15일 브라질에서 개최된 브릭스 정상회의에서 개발은행 설립과 위기대응 기금 설치를 선포하였다. 신개발은행(NDS)은 중국·러시아·인도·브라질·남아공 등 브릭스(BRICS) 5개국이 브릭스 국가 및 신흥국의 인프라 건설 자금을 지원하기 위하여 만든 금융 기구로서 일대일로 프로젝트에도 참여할 전망이다. 초기 자본금은 500억 달러로 회원국이 100억 달러씩 출자하며 향후 1,000억 달러로 확대할 예정이다.

이와 별도로 브릭스 5개국은 금융 위기 등 유사시에 대비한 1,000억 달러 규모의 위기대응 기금(CRA)을 설치키로 하였으며, 전체 위기대응 기금 가운데 중국이 410억 달러, 브라질·러시아·인도가 각각 180억 달러, 남아공이 50억 달러를 분담한다. 신개발은행 초대 총재는 인도가 맡고 운영위원회의 의장 국가는 러시아가, 이사회 의장국은 브라질이 담당키로 하였다. 본부는 상하이에 들어설 예정이며 남아공에는 첫 지역 센터를 설치하고 2016년부터 본격적으로 활동을 시작하기로 하였다.

브릭스 신개발은행이 2015년 7월 21일 상하이에서 정식 출범했다. 러우지웨이(樓繼偉) 중국 재정부장은 이날 개소식에서 신개발은행은 아시아인프라투자은행(AIIB) 등 국제기구와 긴밀하게 협력할 것이라고 하면서, 브릭스 신개발은행은 현존하는 다른 국제 금융 체계에 대한 도전이 아니라 보충하고 개선하기 위한 시도라고 말했다. 카마트 브릭스 신개발은행 초대 행장도 현존하는 다른 금융 체계에 대한 도전이 아니라고 강조하고, 아시아인프라투자은행(AIIB)과 긴밀히 협력하겠다고 밝히면서, 베이징에서 진리췬(金立群) AIIB 초대 행장 내정자를 만나 핫라인 개설 문제를 논의했다고 밝혔다.

3. 상하이협력기구(SCO) 개발은행

상하이협력기구(SCO)는 1996년 중국·러시아·카자흐스탄·키르기스스탄·타지키스탄이 참가한 가운데 상하이 5개국 회의에서 거론되었고, 2000년 우즈베키스탄이 합류한 후 중국·러시아·카자흐스탄·키르기스스탄·타지키스탄·우즈베키스탄 등 6개국이 2001년 6월 상하이에서 만든 협력 기구로 회원국 상호 간 신뢰와 우호 증진, 각 분야의 협력 관계 구축, 역내 평화·안보·안정을 위한 공조 체제 구축이 목적이다.

상하이협력기구(SCO)는 애초 지역 문제, 국경 문제 해결을 목적으로 창설됐으나, 기구의 주요 과제와 기능은 현격히 변화했고, 회원국 및 옵저버 국가도 확대되고 있다. 최근 러시아가 신동방 정책을 추진하고 중국과 다방면에 있어 긴밀한 협력 관계를 갖게 되면서 상하이협력기구의 중요성이 커지고 있으며, 중국은 상하이협력기구를 외교·안보를 넘어 회원국 개발을 위한 금융 협력 기구로도 기능을 확대하기 위한 논의를 주도해 왔다.

2010년 11월 25일 두산베에서 개최된 상하이협력기구 총리회의에서 원자바오 총리는 상하이협력기구 개발은행 설립 연구를 제안하였다.

2013년 9월 23일 시진핑 주석은 금융 협력을 강화하기 위해 상하이협력기구 개발은행과 전문 계좌 설립을 제안하였고, 11월 29일에는 리커창 총리가 상하이협력기구 개발은행 설립 추진과 회원국 간 화폐 결제 강화를 제의하였다.

2014년 12월 15일 카자흐스탄 수도 아스타나에서 개최된 상하이협력기구 총리회의에서 상하이협력기구의 협력 틀에서 융자 보장 체제를 조속히 수립해 나가기로 하였는데, 이는 상하이협력기구 개발은행과 발전기금 조성에 기본적으로 인식이 일치된 것으로 여겨진다. 2015년 7월 시진핑 주석과 푸틴 대통령은 일대일로와 유라시아경제연합(EEU) 사업을 연결하기 위한 구체적 계획안에 대해 논의했으며, 상하이협력기구를 본 프로젝트 협력 사업 추진의 장으로 하자는데 합의했다.

제7장

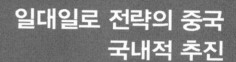

일대일로 전략의 중국 국내적 추진

일대일로 전략 참여 현황 및 지역별 역할
일대일로 정책의 지역별 세부 추진 내용
지역 간 협력을 강화하기 위한 기능별 정책

제7장

일대일로 전략의 중국 국내적 추진

제1절   일대일로 전략 참여 현황 및 지역별 역할

1. 일대일로 참여 지역 및 지역별 기능

중국 정부가 일대일로 전략 구상을 대대적으로 추진하겠다는 입장을 밝히자 중국 내 대부분의 성(省)·시(市)에서는 중앙정부의 지원을 받기 위한 호재로 활용하기 위한 목적으로 '일대일로' 구상에 참여 의사를 표명하고 일대일로 전략 대상 지역으로 선정되기 위해 경쟁을 치열하게 전개하기 시작했다. 1차적으로 2015년 3월 발표된 〈실크로드 경제 벨트와 21세기 해상 실크로드의 배경 및 행동〉에서 성(省) 급 행정단위 주에서 '일대일로' 실시 대상 지역이 지정되고, 각 지역, 특히 서부 지역 거점 도시들의 역할과 기능이 명시되었다.

신장위그르자치구는 육상 실크로드의 핵심 지역으로 선정되었다. 2014년 5월 26일 중앙정치국 회의에서는 신장위그르자치구의 사회·치안 안정을 위해 신장을 실크로드 경제 벨트의 중심으로 건설해야 한다는 의견이 제시된 바 있다. 이에 따라 신장위그르자치구는 실크로드 경제 지대의 핵심 지구로서 역할을 발휘하여 신유라시아 대륙교, 중국-중앙아시아-중동 경제회랑 및 중국-파키스탄 경제회랑 건설 추진 임무가 부여되었다.

일대일로 전략에서 서북 5개성의 역할이 중요한 점을 고려하여 신장위구르자치구가 육상 실크로드의 '핵심 지역'으로 선정된 이외에도 산시성은 실크로드의 '새로운 기지', 간쑤성은 '황금 구간', 닝샤회족자치구와 칭하이성은 '전략 지대'로 정해졌다. 특히, 닝샤회족자치구는 아랍 국가들과의 연결 통로로 역할이 강조되었다.

쓰촨성과 충칭시는 서부 개발 개방의 거점 지역이다. 중국 남북, 동서 교통 허브, 서부 지역 상업, 물류 중심지로서의 역할이 가능하다. 일대일로 전략과 창장 경제 벨트, 21세기 해상 실크로드의 접점에 있으며, 유럽-아시아 국제 무역·물류의 교두보, 국제 기술, 자본의 접근이 용이하기 때문이다. 중국 서부 지역 고속철도망을 통해 일대일로 연선 국가들과 중국 서부 지역 간의 통로를 구축하게 된다. 허난성·후베이성·후난성·장시성은 내륙 개방형 경제 지역으로 육성해 나간다. 윈난성은 중국 서남 지역 개방의 '교두보'이며, 메콩 강 유역 경제 협력과 중국-방글라데시-인도 경제 협력의 전진기지이다. 광시자치구는 실크로드 경제 벨트와 21세기 해상 실크로드가 유기적으로 연계된 중요 관문이다.

연해 지역은 창장 삼각주, 주장 삼각주 등의 높은 경제 개방도와 강한 경제력과 대만·홍콩·마카오 배후 효과를 활용해 나간다는 방침이다. 푸젠성은 '21세기 해상 실크로드'의 핵심 지역으로서 해상 실크로드 건설의 첨병이자 주력군이다. 광둥성은 경제 발전의 선도자로서 일대일로 해상 실크로드 건설에 있어서 추진체 역할을 담당하게 된다. 자유무역시험구가 설립된 광둥성과 푸젠성은 일대일로 정책과의 연계 발전에 중점을 두게 된다. 하이난다오는 관광 개발의 중점 지역으로 역할을 할 것이다.

산둥성은 21세기 해상 실크로드를 통해 연해 도시 및 항구를 긴밀하게 연결하는 역할을 한다. 베이징·톈진·허베이·창장 연안 경제 지역은 일대일로와 징진지, 창장 경제 협력을 결합시켜 추진하며, 네이멍구자치구·랴오닝성·지린성·헤이룽장성 등은 중국-몽골-러시아 경제회랑 건설을 중심으로 중국 국내와 국제 간 교류 협력을 심화하고 북방 개방을 추동해 나가는 역할을 부여받았다.

2. 일대일로 전략 중점 분야에 있어서 각 지역의 역할

(1) 기초 시설 건설

푸젠성은 샤먼 동남 국제공항 항운 중심 건설을 추진한다. 충칭·쓰촨성·신장자치구·네이멍구자치구·허난성·후베이성·저장성 등 지역은 중국-유럽 국제화물열차 건설을 착실하게 추진하여 기초 시설 조건을 가일층 완비해 나간다. 장쑤성 롄윈강의 중국-카자흐스탄 물류 합작기지 제1기 공정이 안정적인 궤도에 올랐으며, 제2기 공정을 가속화해 나간다. 광둥성은 파키스탄 과다르 항 원구 프로젝트를 시작한다.

랴오닝성은 네이멍구자치구에 해로 출구 편리를 제공한다. 쓰촨성은 청뚜 국가급 국제공항 중심지 건설을 가속화하고, 효율적인 유라시아 항공물류 통로를 구축한다. 허난성은 정저우공항 경제 종합 중심지 조성에 박차를 가한다. 산시성은 시안 국제 중개 중심 항 조성에 전력을 다하여 시안항을 국제적인 무역 및 운수 체계 반열에 오르게 한다. 광시자치구, 윈난성은 중국-아세안 정보 교류 중심 건설을 추진한다.

(2) 산업 투자

랴오닝성은 선진 교통 장비, 신소재 제조 장비 등 10대 중점 장비 건설을 우선적으로 추진한다. 후베이성, 간쑤성 등은 성내 대표 기업들의 해외 진출을 가속화하고 국제 협력을 전개하며, 경외에 생산 가공 기지를 건설한다. 신장은 타지키스탄 면방직 일체화, 파키스탄 태양력 발전소 프로젝트를 착공한다. 장시성은 이탈리아와 소형 민용 헬리콥터 협력 생산 프로젝트를 추진한다.

베이징은 신설, 증자, 합병 등 방식으로 경외에서 투자 프로젝트 건설을 가속화한다. 저장성은 중국(항저우) 국경 간 전자무역 상거래 종합 시험구 건설을 가속화하고, 닝보(寧波), 진화(金華) 등 국경 간 전자상무 시범구를 적극 추진한다. 광시자치구는 난닝 국경 간 무역 전자상무 종합 서비스 플랫폼 건설을 진행하고, 중국-아세안 전자상무 감독관리 창구를 건설한다.

(3) 경제 무역 협력

국경을 초월한 경제 협력을 안정적으로 발전시키며, 일대일로 자유무역구 연락망 건설을 가속화한다. 광둥성·쓰촨성·산시성·닝샤회족자치구·칭하이성·신장위그르자치구·네이멍구자치구 등이 역점적으로 추진하고 있는 광자오후이(廣交會), 까오자오후이(高交會), 시보후이(西博會), 중멍보란후이(中蒙博覽會) 등 전시회 활동 플랫폼을 연선 국가들과의 경제 협력으로 확대 발전시켜 나간다.

푸젠성은 '21세기 해상 실크로드 전람회'를 개최하여 연선 주요 국가 및 지역의 전면적인 참여를 실현해 나간다. 윈난성은 허커우(河口), 모한(磨憨) 변경 무역구 및 라오스 세이세타(賽色塔, Saysettha) 종합 경제 개발구를 추진한다. 산시성은 대외 경제 무역 협조 강화 일환으로 시센(西咸) 신구에 중국-러시아 실크로드 첨단 과학기술 산업원 프로젝트를 정식으로 발족시킨다.

안후이성은 성내 최초의 종합 보세구를 정식으로 운행한다. 저장성은 경외에 설립된 5개의 경제무역협력구와 중국-벨라루스 공업원구 관해 설명회를 개최하였는데, 원활한 경제 협력 단지 운영을 추진한다. 헤이룽장성은 국내 관련 기업들의 러시아 내 경제 무역 협력구 설립을 유도해 나간다. 산둥성, 지린성은 중한자유무역협정 서명 기회를 최대한 활용하고 중한산업협력 시범 단지 등 프로젝트 건설을 추진한다.

(4) 자원 분야 협력

장쑤성은 타얼 석탄 공업원구 등 중국-파키스탄 경제회랑 에너지 규획 프로젝트를 실시한다. 지린성 창지투(長吉圖) 집단은 러시아로부터 수입하는 전략 에너지 비축 센타 1기 공정을 시공한다. 랴오닝성은 인도네시아 니켈 광산 개발, 카자흐스탄 동광 채굴 제련 등 역외 자원 개발 프로젝트를 시작한다. 톈진은 연선 국가 자원을 적극적으로 개발하는 차원에서 몽골 철광 채굴, 카자흐스탄 유전, 가스 등 광산 프로젝트와 인도네시아 농업협력산업구, 아프리카 생산기지 등 농생물 자원 프로젝트 건설을 추진하며, 대량 원자재 상품 경외 생산기지를 건설하고, 자원 현장 가공 능력을 제고한다.

(5) 금융 협력

광둥성은 필리핀·태국·인도네시아 등 국가들과 국경 간 위안화 무역 프로젝트를 가속화한다. 장쑤성은 쿤산 시험구, 쑤저우 공업원구 국경 간 위안화 혁신 시범구를 추진한다. 상하이는 상하이에 있는 금융 시장 교역 시스템의 가격 오퍼, 거래, 청산 등 기능을 일대일로 연선 국가와 지역으로 확산한다. 충칭은 일련의 경외 투자 촉진 활동을 전개하고 해외 합병 기금 및 해외 광산교역 센터를 창립하여, 국경 간 투융자 태환 편리화를 촉진한다.

푸젠성·장쑤성·장시성 등은 각기 일대일로 기금, 해상 실크로드 산업 투자 기금, 국제 산업 에너지 협력 및 장비 제조 해외 진출 투자 기금을 조성하고, 광시자치구는 지방 실크로드기금 설립 및 운영 방안을 마련하고 재정 자금의 유치와 지렛대 효과를 활용하여 중점 국제 협력 프로젝트에 자금 보조, 대출 지원, 주식투자 등을 지원한다. 일부 성, 구, 시는 기업 협력 신용보험 일괄보험[統保] 플랫폼을 구축하여 해외 진출 기업에 보험료를 지원한다.

신장위그르자치구, 저장성 등은 국가개발은행, 중신보험 등 금융기관과 공동으로 금융 기구와 기업 상담회를 개최하여 해외 진출 기업에 대한 다양화되고 특색 있는 금융 해결 방안을 마련한다. 지린성은 동북 지역 금융센터 프로젝트 투자 누적액 210억 위안 목표를 달성해 나간다. 헤이룽장성은 루블화 현금 사용 시범 및 연선 개발개방 외환관리 개혁 시범 등 선행선시(先行先試) 조치를 실시한다.

(6) 인문 협력

간쑤성은 돈황 국제문화전람회 등 전시회 플랫폼을 통해 국내외 관광객을 유치하여 실크로드 경제 지대 '관광 황금 구간'으로 만들어 나간다. 산둥성은 공자학원 총부 체험 기지 건설을 가속화하고 연선 국가 학교에 공자학원 설립을 추진한다.

푸젠성은 실크로드 국제 영화제를 개최하며, 해상 실크로드 문화 교류 전시 중심을 건설한다. 후난성은 후난(湖南) 위성, 중난(中南) 전파매체의 플랫폼 강점과 '호상문화(湖湘文化)'의 영향력을 이용하여 대외 문화 중개 기구와 해외 문화 경영 통로 건설을 강화한다.

(7) 생태 환경

신장위그르자치구는 중앙아시아 생태 시스템 야외 관측 및 연구망을 구축하고, '중앙아시아 지역 기후 변화, 생태 환경 보호 및 자원 관리 공동 조사 및 연구' 등 국제 과학기술 협력 프로젝트를 실시한다. 윈난성은 메콩 강 지역 습지 보호 건설을 추진한다. 구이저우성은 생태 문명 국제 포럼을 성공적으로 개최하였는데, 생태 문제에 대한 미래 지향적인 역할을 해 나간다.

(8) 해상 협력

푸젠성은 중국-아세안 상품 교역소 영업을 정식으로 시작하였으며, 인도네시아 어업 종합기지 개조를 안정적으로 추진하고, 중국-아세안 해양협력센터 설립을 시작하였다. 광둥성은 말레이시아·태국·스리랑카 등 국가에 해외 종합 어업 협력 프로젝트 건설을 가속화한다. 장쑤성은 말레이시아와 원양 어업 협력 프로젝트를 실시한다.

1. 서북부 지역

(1) 신장위그르자치구

　신장위그르자치구는 '일대(一帶)'인 육상 실크로드의 핵심 추진 지역으로 선정되었으며, 서쪽으로 향한[西向] 중요한 거점으로서 실크로드 경제 벨트의 교통 허브, 비즈니스 물류 및 에너지 중심으로 육성해 나간다는 방침이다. 구체적으로 석유·가스 생산 가공기지, 석탄·화력발전소·화공 기지, 풍력발전소 기지 등 3대 기지를 중심으로 교통, 상업 물류, 금융, 문화 과학, 의료 서비스 등 5대 중점 사업에 걸쳐 전방위적으로 대외 개방의 새로운 국면을 조성해 나간다는 것이다.

　우루무치와 카스(喀什)를 중심 지역으로 삼아 교통 서부 개방 창구, 교통 허브, 상무 물류, 문화 과학 중심 및 의료 서비스 센터로 자리매김할 계획이다. 우루무치는 '일대일로' 구축 사업으로 기초 시설(철도, 도로, 공항, 인터넷, 에너지 시설)의 현대화를 추진하며, '아시아-유럽 경제 무역 협력 시범지구' 사업 추진을 위한 세부 정책 방안을 마련하였다. 아라산 커우(阿拉山口)는 철도, 도로, 항공, 파이프 라인 '사위일체' 운송 수단이 통과하는 곳으로서 중앙아시아를 연결하는 길목에 있어 중요한 물류 도시로 부상하고 있다. 카자흐스탄 국경 휘얼궈스 보세 구역, 키르기스스탄과의 국경 무역 확대, 국경 통관 원활화 및 국제 항공 연계 사업 추진, 중앙아시아 국가들과 유라시아 상품 전시회 등의 사업을 추진하고 있다.

(2) 산시성(陝西省)

산시성은 서부 개방의 중요 기지, 종합 경제 문화 중심으로 발전시킨다는 전략이다. 특히, 시안이 내륙 개혁개방 신기지로서 내륙 교통망의 랜드 포트(land port), 중앙아시아 및 유럽으로 이어지는 물류의 랜드 브리지(land bridge)와 금융 허브 역할을 수행하도록 한다는 목표를 설정하였다.

산시성 정부는 종합 교통 허브 중심, 글로벌 비즈니스 무역 중심, 과학 기술·교육·문화·관광 교류 중심, 에너지·금융 중심, 경제·무역 협력 중심 등 '5개 중심' 건설을 주요 내용으로 하는 일대일로 방안을 추진하고 있다. 구체적 실천 과제로 일대일로 핵심 지역과 신실크로드 경제 벨트 '신기점' 계획의 지속적 개선, 교통 물류 환경의 지속적 개선(신규 국제노선 개통 및 시안국제항무구의 국제 전자상거래 시범사업 실시), 무역 편리 도모(산시성 자유무역시험구 신청), 산시 기업의 해외 진출 지원 및 외자기업 유치 촉진, 실크로드 박람회, 유라시아 경제 포럼 등 교류 플랫폼 활용, 일대일로 연구 및 실제 적용 촉진 등 6개 주요 정책을 발표하였다.

2015년 7월 3일 산시성 정부는 대외 개방 인프라, 인문학적 교류, 경제 무역 협력 등을 주요 내용으로 하는 〈산시성 일대일로 건설 2015년 행동 계획〉을 발표하였다. 액션 플랜은 시안과 알마티·로마·이스탄불을 잇는 국제노선 개통, 서부 개방 통로 마련, 캄보디아·말레이시아 등 국가의 시안영사관 설립 추진, 투르크메니스탄에 상무대표처(商務代表處) 설립, 상하이협력조직(SCO) 회원국과 실크로드 주변 도시에 사무처 설립 추진 등을 내용으로 하고 있다.

또한, 해외 사무처 설립을 통해 해외 기관의 산시 진출을 촉진하고, 외국 금융기관의 유치를 장려하는 한편, 아시아인프라투자은행(AIIB) 지점 설립을 적극 추진할 예정이다. 물류 분야에서 시안 철도물류 집산센터[鐵路物流集散中心] 건설 공사 연내 착공, 해상－철도, 수운－철도 등 복합 운송 추진, 시안－칭다오(靑島)까지 국제화물 운송열차 개통, 시안 센양국제공항에 수하물 쓰루 체크인(Through Check-in) 업무 개시 신청 등을 추진할 계획이다.

인문 교류 강화를 위한 조치로서 산시를 실크로드 경제 벨트 관련국과의 인문 교류의 장으로 만들기 위해, 실크로드 대학연맹과 실크로드 국제문화교류센터를 설립하고, 여성·아동 보건, 장애인 치료 재활, AIDS 등 전염성 질병 및 질병 유행 상황에 대한 정보 공유와 예방 측면에서 실크로드 경제 벨트 관련국과 협력을 전개해 나간다. 일대일로 관련국과 함께 국제 관광 노선을 개발하고, 실크로드 관광열차를 개통하며, 실크로드 경제 벨트 관련국 및 국내 성시와 협력하여 문물 보호 및 고고학 연구를 공동으로 추진하고, '세계문화유산 등재' 업무 계획도 마련해 나갈 예정이다.

2014년 1월 천년의 고도 시안(西安)과 센양(咸陽)의 중간에 시셴신구(西咸新區)라는 국가급 신구(新區)를 설립하여 에너지 무역센터, 항공도시 시범단지, 정보산업단지 등을 조성하여 러시아·중앙아시아와 등과의 협력을 확대해 나가는 데 주안점을 두고 있다. 한편, 시안도 〈시안 실크로드 경제 벨트 전략 계획〉을 발표하여 중점 사업인 시안항(港)을 글로벌 항공물류 허브로 발전시킨다는 '시안국제항구(내륙 항구)' 계획을 추진하고 있다. 주요 교통 인프라 건설 및 물류 허브 조성 사업의 일환으로 시안－란저우 및 시안(西安)－인촨(銀川) 고속철도 건설, 국제 항공노선 개통, 시안－러시아 모스크바, 네덜란드 로테르담 국제화물열차 정기 운행 등이 추진되고 있다.

(3) 간쑤성(甘肅省)

간쑤성은 교통, 에너지 통로, 경제 문화 중심으로 육성한다는 방침이다. 이에 따라 간쑤성 정부는 종합 교통망, 상무 물류 중심, 실크로드 정보회랑, 산업 협력 기지, 원구 시범단지, 도시 기능 집체, 인문 교류 유대, 체제 시스템 혁신 등 8대 임무를 중심으로 하는 일대일로 건설을 위한 '1851' 발전 전략을 제시하였다.

구체적으로는 첫째, 란저우 신구종합보세구, 란저우 국제항무구, 중국(란저우) 자유무역시험구, 국제 경제 무역 인문 교류, 과학기술 융합 창신 5대 플랫폼을 건설한다. 둘째, 종합 교통 허브를 건설하고 실크로드 연선 국가와의 접선 지점 연결을 강화하여 란저우-중앙아시아·중동·러시아, 유럽의 '란저우하오(蘭州號)' 철도의 화물 노선을 개발한다. 란저우-알마티, 란저우-모스크바, 란저우-상트페테르부르크 등 유럽의 도시 간 철도 및 한국·일본·홍콩·마카오·대만과의 화물 운송 항공편을 개설한다. 또한, 란저우-베를린, 란저우-파리 등 국제여객 노선을 확보하여 국제항로 통로의 기능을 강화하고, 직통 교통 인프라를 건설하여 란저우를 '상공 실크로드'의 핵심 지역 도시로 만든다.

셋째, '중국 란저우 투자무역상담회', '실크로드(둔황) 국제문화박람회', '둔황 여행, 실크로드 국제 여행절', '란저우 마라톤 대회' 등 대형 행사를 개최하여 교류 플랫폼을 구축해 나간다. 넷째, '일대일로' 건설 추진과 관련하여 중앙정부 및 성 정부, 국과 관련 부처 위원회와의 소통과 협력을 강화하고, 중국-중앙아시아 협력 포럼, 기업가 포럼, 싱크탱크 포럼, 고위급 심포지엄 등 관련 국제회의를 개최하여 협력 플랫폼을 구축한다.

간쑤성 성도인 란저우는 서북 지역 철도교통의 중심으로 중앙아시아 진출 거점으로서의 역할을 담당하는 것으로 임무가 부여되었다. 란저우(蘭州)-청뚜(成都)-충칭(重慶)을 연결하는 철도 노선이 개설되었고, 2014년 12월 간쑤성(甘肅省) 란저우(蘭州)와 신장위구르자치구 우루무치(烏魯木齊)를 연결하는 총 1,776km 길이의 고속철도 구간이 개통되었다. 란저우에서 시안까지의 노선 공사가 진행 중이며, 2016년에는 란저우에서 장쑤성 쉬저우까지, 2017년에는 란저우에서 베이징까지 고속철도가 연결될 예정이다. 한편, 란저우시가 중국에서 다섯 번째로 신구(新區)로 선정됨에 따라 산업 측면에서 중요한 지역으로 성장할 것으로 전망이다. 주요 육성 산업은 석유화학, 장비 제조, 바이오 등이다.

(4) 닝샤회족자치구

닝샤를 내륙 개방형 경제시험구로 건설을 추진하여 중앙아시아·남아시아·서아시아 국가들을 향한 통로, 비즈니스 물류 허브, 인문 교류 기지로 만든다는 목표가 설정되었다. 특히, 종교적, 민족적 특성을 살려 닝샤회족자치구는 아랍 국가 및 이슬람 지역과의 교류와 협력의 거점으로 지정되었으며, 2015년 9월 인촨(銀川)에서 개최된 중국-아랍 국가 박람회에 시진핑 주석이 축하 메시지를 보내 관심을 표명하였다.

구체적인 일대일로 추진 계획을 살펴보면 먼저 철도, 고속도로, 항공 물류의 대대적인 구축을 추진하는 것이다. 닝샤에서 중앙아시아, 서남아시아, 유럽으로 가는 국제화물 운송 대열에 참여하여 창안하오(長安號), 위신어우(渝新歐), 정신어우(鄭新歐) 등 고속철도 국제화물 협력을 강화해 나간다. 인촨허둥(銀川河東)국제공항 3기 및 종합 교통 허브 건설을 신속 가동하여 인촨과 국내 주요 도시의 항공 노선을 구축하여 중국 전역의 성시, 경제발전 도시 및 주요 관광 도시의 항로를 지원하고 직항 노선, 노선

확장, 국내 항로 네트워크 구조를 최적화한다. 두바이·싱가포르·말레이시아 등으로 향하는 직항 노선을 개통하여, 유럽과 중동 국가로의 화물 항공운송을 시행한다. 인촨허둥 국제공항을 아랍 국가와 주요 무슬림 지역으로의 대표 공항, 지역 항공 허브, 화물 운송 집중[集散]센터로 조성한다.

또한, '인터넷+행동 계획'을 제정하여 국내외 대형 인터넷 회사와 전략적 협력을 강화하고, 중웨이 서부 클라우드 기지, 인촨 빅테이터 기지, 전신 수출국, 글로벌 네트워크 루트 및 지역 정보 집중센터 건설을 조속히 진행한다. 글로벌 전자상거래 센터를 건설하여 중국 '정보 실크로드' 계획과 연계되는 중국-아랍 온라인 실크로드를 조성한다. 중국-아랍 국제 항공 소포 및 특급 우편 분류 환적 센터를 설립하여 택배 특급우편 집중 허브를 완성한다. 글로벌 전자상거래 경영 회사에 대한 서류 등록 관리를 실시하고, 통관, 검역검사, 결제 및 세금 환급 등 관련 수속을 간소화한다.

(5) 칭하이성(青海省)

칭하이성은 창장(長江), 황허(黃河)의 발원지로서 독특하고 큰 생태 가치를 지니고 있는 지역이다. 완비된 교통망, 풍부한 자원 에너지, 다양한 문화 등의 특징으로 일대일로 전략 통로, 인문 교류 중심으로 설정되었다. 이에 따라 칭하이성은 1개 유대(인문 교류 교량 유대)를 중심으로, 3개 통로(러시아-유럽, 중앙아시아-중동, 서남아시아 개방 통로)를 관통하고, 3개 분기점(시닝, 하이둥, 거얼무)을 조성하고, 장비 제조업 출구 등 6대 기지를 만들어 실크로드 영광스러운 길을 재창조한다는 목표를 설정하였다.

시닝(西寧)시와 거얼무시는 중동·서남아시아 등 지역으로 향하는 국제적인 상업 물류 중추로 발전시킬 계획이다. 하이둥(海東)시는 성급 서쪽으로 개방하는 경제협력구를 설립하며 수출 상품 가공기지를 건설을 통해 이슬람 용품 및 할랄 식품 기지로 건설될 예정이다.

2. 서남부 지역

(1) 쓰촨성(四川省)

쓰촨성은 일대일로 전략으로 '251 3년 행동 계획'을 실시할 방침이다. 2017년까지 쓰촨성과 '일대일로' 연선 국가와의 무역 규모를 300억 달러로 확대, 해외 턴키 사업 영업 누적액 200억 달러 돌파, '쌍방향' 투자 연평균 10% 이상 성장, 3여 년간의 노력으로 중국 '일대일로' 전략, 서부·남부 개방 핵심 요지로 건설한다는 목표를 제시하였다.

구체적으로 '2'는 20개 중점 대상 국가를 집중 개발한다는 의미이다. 쓰촨의 사업, 무역, 투자 등의 경쟁 강점을 활용하여 연선 국가의 경제 현황, 자원 능력, 발전 요구를 결합시키고, 러시아·싱가포르·인도·체코·사우디아라비아 등 20개 국가를 선정, 이를 집중 개발하고 관리·발전시켜 나간다는 전략 목표이다.

'5'는 50개의 중대 프로젝트를 우선적으로 확보한다는 목표이다. '저우추취(해외 투자 진출)', '인진라이(투자 유치)' 프로젝트 중 쓰촨의 강점 산업, 신흥 산업, 과잉 산업에서 연선 국가와의 협력을 강화하고 1,000만 달러 이상 투자 규모의 50개 프로젝트, 턴키 사업 계약 규모 1억 달러 이상의 주요 산업 및 인프라 프로젝트를 선택하여 집중 공략한다는 것이다.

'1'은 100개의 우수 기업을 시범 지도한다는 뜻이다. 창홍(長虹), 청다(成達), 홍화(宏華), 동방전기(東方電氣) 등 연선 국가와 양호한 무역 투자 기반을 가지고 경쟁력을 겸비한 100개의 우수 기업을 선정하여, 이를 중점적으로 관리하고 모범 사례로 발전시켜 나간다는 것이다.

(2) 충칭(重慶)직할시

지리적으로 볼 때, 충칭은 '일대일로'와 '창장 경제지대'가 'Y'자로 만나는 지점에 위치한다. 창장 황금수도(長江黃金水道), 위신오 국제철로 연계운송 대통로 등을 기반으로 하는 '일대일로' 국제무역 대통로서의 역할을 추진하고 있다. 핵심 단어는 '류(流, 흐름)'로서, 인류(人流), 정보류[信息流], 자금류(資金流), 물류(物流), 제품류[商品流], 기술류(技術流) 등이다. 충칭은 이러한 '흐름[流]'을 새롭게 정비하고 개방성을 확대하여, 서부 지역의 발전을 이끌어 나가겠다는 전략이다. 구체적으로는 고도(高度), 광도(廣度), 심도(深度)가 있는 내륙 개방 고지 건설을 추진해 나가고자 한다.

첫째, 고도(高度)는 국가의 '일대일로'와 창장 경제지대 전략에 주도적으로 참여하여 새로운 영역을 적극 개발하고 전방위적인 자유무역으로 발전시킨다. 연해 자유무역시험구의 모방, 홍보 가능한 개방정책을 충칭의 실제 상황에 맞게 적용시키는 것이다. 동시에 위신어우(渝新歐) 국제화물철도가 '일대일로'의 거점이 되도록 한다. 둘째, 광도(廣度)는 도심인 주청취(主城區)에서 전시(全市)로 개방을 전면 확대 발전시키는 것이다. 셋째는 심도(深度)로서 화물무역 중 일반 무역, 가공 무역을 중계 무역, 총부 무역(總部貿易)으로 확대하여 서비스 무역을 발전시키도록 하는 것이다.

2009년 충칭시는 창장 대외 무역 주요 운송로의 빠른 발전을 위해 '1강 2익 3양(1江2翼3洋)'의 대외 무역 대통로 계획을 제시한 바 있다. 1강 2익 3양(1江2翼3洋) : 하나의 강(창장강)과 두 개의 날개(서북 날개, 서남 날개)를 통해 3개의 바다(태평양, 인도양, 대서양)를 잇는다는 의미이며, 하나의 강은 충칭-상하이-서유럽 노선, 서북 날개는 충칭-란저우-서유럽 노선, 서남 날개는 충칭-윈난-서유럽 노선을 뜻한다. 또한, 2011년 충칭시 발전개혁위원회는 '충칭시 주청취(主城區) 종합교통계획(2010~2020)'을 통해 2020년까지 대외 무역 주요 운송로 5개와 국내 종합운송통로 4개를 포함한 '5+4 대외 전략 통로' 구축을 추진하고 있다.

충칭은 보세항구(寸灘港, 춘탄항)를 가지고 있으며, 창장을 통한 수운과 장베이(江北) 국제공항을 이용한 항공 운송에 충칭에서 유럽까지 가는 위신어우 철도가 정식 운영됨으로써 해상운송, 항공운송, 육상운송을 모두 갖춘 물류 중심 도시가 되었다. 초기의 운송이 충칭 화물을 위주로 이루어졌는데, 현재는 주변의 많은 성(省)과 구(區)의 화물이 이를 통해 유라시아로 운송되고 있으며, 위신어우 화물철도 개통에 따라 운송 화물은 노트북부터 IT 제품, 유럽 자동차, 생필품, 의류 등 점점 더 다양해지고 있다.

한편, 2015년 11월 시진핑 주석의 싱가포르 방문 시 발표된 제3 싱가포르 공업단지 조성은 충칭의 '일대일로' 전략 추진에 큰 힘이 될 것으로 전망된다. 참고로 제1단지는 쑤저우 공업원구이며, 제2단지는 텐진 생태단지(에코시티)이다.

(3) 윈난성(雲南省)

윈난성은 쓰촨성·광시장족자치구·구이저우성·시짱(티벳)과 인접하고, 베트남·라오스·미얀마와 국경을 접하고 있으며, 나아가 동남아시아·서남아시아에 연접하고, 중동을 통해 유럽과 아프리카와 접근이 가능한 위치에 있다. 윈난성 북부는 육상 실크로드로 연결되고, 윈난성 남부는 해상 실크로드와 연결된다.

메콩강 유역 경제 협력(GMS)과 중국 - 미얀마 - 방글라데시 - 인도 경제 회랑(BCIM)은 윈난성의 일대일로 건설에 있어서 양대 핵심 사안이다. 윈난성은 메콩강 유역 개발에 참여하는 중국의 주요 성으로서 교통, 에너지 자원, 통신 등 부문에 있어 상호 소통하여 '21세기 해상 실크로드'를 연결하는 역할을 해 나간다는 계획이다. 중국 - 미얀마 - 방글라데시 - 인도 경제회랑 건설에 적극 참여하며, 띠엔중 산업신구, 옌비엔(沿邊) 금융 종합 개혁 시험구, 루이뤼(瑞麗) 중점 개발개방 시험구 등 건설을 가속화하고, 난보후이(南博會), 쿤자오후이(昆交會), 비엔자오후이(邊交會) 등이 대외 개방에 있어서 역할을 적극적으로 발휘하도록 한다.

쿤밍은 윈난성의 성도로서 이 지역 일대일로 정책의 보루이다. 특히 수려한 경치와 다양하게 거주하는 소수민족들의 문화적 이점을 활용하여 '관광 회랑'과 '문화 회랑' 조성을 추진하고 있다. 이를 위해 교통망을 대대적으로 정비해 나가며, 비자 수속을 간소화하고, 인력자원 교육, 언어 문화 교류, 학술 교류 등 활동을 적극적으로 전개해 나간다는 방침이다.

윈난성은 지리적 이점을 활용하여 특히 동남아에 대한 물류의 '교두보' 전략을 표방하고 있다. 쿤밍을 기점으로 라오스 국경 지대를 거쳐 태국 방콕을 지나 최종적으로 말레이시아와 싱가포르를 잇는 범아시아 철도 사업이 추진되고 있다. 쿤밍에서 라오스의 수도 비엔티안까지 417km에 이르는 고속철도 건설이 착수되었다. 중국은 라오스 측에 자금을 지원하며, 이번 철도 건설은 중국 주도하에 진행되어 중국의 표준 기술과 장비가 사용될 예정이다. 중국 정부는 태국과의 철도 건설 착수도 동시에 진행하고 있다. 쿤밍에서 태국까지 734km 구간의 고속철도 건설이 속도를 낼 전망이다.

⑷ 광시(廣西)자치구

광시자치구는 일대일로 선정 지역 중 서부 지역에서 유일하게 육상 실크로드와 해상 실크로드를 모두 포함하고 있는 지역이며, 아세안 지역과의 연계성이 높은 지역이다. 베이부만 경제구, 친저우 산업단지 등을 통해 해외 자본을 유치하고, 기초 인프라, 선진 제조업, 전략적 신흥 산업, 현대 서비스업, 도시화 건설, 사회 사업, 생태 환경 보호 등의 영역에 민간 자본 투자를 유치할 계획이다.

메콩강 유역 경제 협력을 기반으로 삼아, AIIB와 실크로드기금에 적극적인 투자를 하고, 난닝-싱가포르 경제회랑 건설의 가속화 추진 등을 통해 주변 국가와의 긴밀한 협력을 도모하며, 친저우 산업 단지에 대한 투자 유치 활성화와 함께 고속철도, 철도, 도로, 항구, 천연 오일가스의 파이프라인 프로젝트와 수운, 항공, 에너지 부문의 인프라 건설을 추진하고 있다. 2014년 12월에 구이저우성(貴州省) 구이양(貴陽)과 광둥성(廣東省) 광저우(廣州)를 잇는 856km 구간과 광시(廣西)자치구 난닝(南寧)과 광저우를 잇는 574km 구간의 고속철도도 개통했다.

난닝(南寧)은 아세안 동남아 국가 및 중국 화난(華南), 시난(西南) 경제권의 접점에 위치한 글로벌 경제 도시이며, 지리적 이점을 바탕으로 2004년부터 '중국-아세안 박람회'를 개최하는 등 아세안 각국과 문화, 경제 측면에서 긴밀한 협력 관계를 유지하는 광시의 대표적인 도시이다. 2015년 9월 개최된 제12회 중국-아세안 박람회에 한국이 특별 초청국으로 참석하였다.

친저우(欽州)시는 중국-베트남-태국-싱가포르를 연결하는 경제축의 핵심에 있으며, 광시 베이부만 경제구에 위치하고 범아시아 철도와 도로가 이어져 2010년 중국-아세안 FTA 체결 이후 새로운 발전 지역으로 주목받고 있다. 이러한 천저우의 이점에 착안하여 말레이시아는 중국-말레이시아 산업 단지를 건설하고 있는데, 중국-싱가포르 쑤저우 산업 단지, 톈진 중국-싱가포르 에코시티[中新天津生態城]에 이어 세 번째로 채결된 정부 간 협력 산업 단지이다. 친저우 산업 단지는 자연 친화형 저탄소 도시 개발 콘셉트로 개발되고, 중국의 아세안 진출을 위한 교두보로 활용될 전망이다.

3. 동남부 지역

(1) 푸젠성(福建省)

21세기 해상 실크로드 핵심 지역으로 선정된 푸젠성은 해상 실크로드 상의 상호 연결과 상호 소통의 중심지, 경제 무역 협력 플랫폼, 체제 혁신의 선행 지역 및 인문 유대의 중심지를 건설한다는 임무가 부여되었다. 푸젠성은 국내외 인프라 구축 및 연결, 무역·투자 증진, 해양 개발 협력에 중점을 두면서 이를 위해 관련 인프라를 구축해 나가고, 해외 경제 협력 단지를 적극적으로 조성할 계획이다.

〈푸젠성 21세기 해상 실크로드 핵심 건설 방안〉에서는 푸젠성 연안에서 남하하여 남중국해, 말라카 해협을 거쳐 인도양에 이르고, 유럽 서부 지역까지 이르는 경제회랑과 푸젠성 연해에서 남하하여 남중국해를 거쳐 인도네시아를 지나 남태평양 지역에 이르는 경제회랑을 만들어 가고, 동시에 푸젠성과 동북아 간 전통적인 협력 기초하에 푸젠성 연해 항구를 북상하여 한국·일본을 경유하고 러시아 동부와 북미 북쪽 지역에 이르는 경제회랑을 만들어 나간다는 건설 방향이 제시되었다.

푸젠성 정부는 9개 지급 시 중 푸저우(福州), 샤먼(厦門), 취안저우(泉

州) 등 6개 연해 도시를 '해상 협력 전략도시'로 선정하고, 이중 취안저우를 '해상 실크로드 시범도시'로 지정하였다.

고대 해상 실크로드의 출발점인 취안저우(泉州)시는 화교, 민영 경제 및 이슬람 문화 등 강점을 활용한 정책 추진이 강조되고 있다. 화교들의 적극적인 핵심구 건설 참여와 해외 투자 전략[走出去], 국제 문화 교류, 국제 금융 협력 혁신, 제조업의 녹색화 등 여러 측면에서 민영 기업들의 역할 발휘 유도가 주요 내용이다. 취안저우시는 '해상 실크로드 10대 행동계획'을 수립하여 취안저우 항의 항만 인프라 보완과 국제 해운 노선 개척에 박차를 가하고, 대형 임해 물류 단지를 건설하며, 취안저우 신공항을 건설할 계획이다.

푸저우시는 해상 실크로드 사업을 위한 전담 기구를 설치하고, 투자 기금을 설립하였다. 푸저우시 상무국 산하에 '해양 실크로드 영도소조'를 설치하고, 중앙정부 산하의 투자 기금과 약 100억 위안의 '푸저우 해상 실크로드기금'을 공동으로 조성하였다.

샤먼시는 기초 인프라, 해외 투자 유치, 해외 투자 진출, 해양 협력, 관광·컨벤션, 인문 교류 등 6대 영역에 걸쳐 39개의 중점 프로젝트를 추진하고, 2020년까지 해상 실크로드 관련 지역에 해운 노선 및 항공 노선을 각각 40개, 20개로 증설할 계획이다. 특히, 샤먼둥난(厦門東南) 국제공항 중심 건설을 가속화하여 국제 운항의 중추적인 역할을 제고해 나가는 데 중점을 두고 있다.

(2) 광둥성(廣東省)

광둥성은 21세기 해상 실크로드 건설, 광둥-홍콩-마카오 협력, 경제 무역 협력 등 세 가지 측면을 특별히 강조하고, 광둥에 '일대일로' 건설공작영도소조 건설을 추진하고, 광둥 실크로드기금을 조성하기로 하였다. 또한, '일대일로'의 '전략적 허브', '경제 무역의 중심' 및 '주요 엔진' 구축 방침 아래 다양한 목표를 설정하였다.

첫째, 자유무역시험구를 중심으로 세계를 향한 개방 구도 형성이다. 광둥 자유무역시험구는 국제투자무역 통행 규칙과 연계되는 기본 제도의 틀을 짜고, 각종 산업, 각종 분야의 개혁·혁신 조치를 선행 시행하며, 높은 수준의 개방 구도를 갖추어 나가게 된다. 홍콩·마카오 지역, 해상 실크로드 연선 국가 및 지역과의 경제 무역을 촉진시키고, 투자무역, 화물 통관, 상품 검역검사, 품질 표준, 전자상거래, 인프라 건설 등의 영역에서 협력 시스템을 구축해 나간다. 주하이항의 가오란(高欄) 항구를 국가급 종합보세지역으로 신청하여 '일대일로'를 연결하는 주요 거점으로 삼고, 주하이시와 가오란 항구는 중국-파키스탄 경제회랑의 거점 지역인 파키스탄 과다르시 및 과다르 항구와 각각 우호 도시와 우호 항구 자매결연을 체결하였다.

둘째, '4항(四港)' 통로 배치, 국제 허브 문호 가동이다. 광둥은 광저우, 선전, 잔장(湛江), 산터우(汕頭) 4대 항구를 중심으로 주하이(珠海), 중산(中山), 후이저우(惠州), 산웨이(汕尾), 차오저우(潮州) 등 기타 연해도시 항구의 보수와 확장을 추진해 나간다. 4대 핵심 항구를 선두로 해상 실크로드 연선 주요 국제 항구 도시와 교류 협력을 진행하여 '4+N'의 국제 항구 도시 연맹을 조직하고, 해상 실크로드를 포함하는 국제 해운선로, 무역 통로 및 인문 교류 회랑을 구축한다.

아울러 '일대일로' 건설의 국제 허브 공항으로서 광저우 바이윈(白雲) 국제공항은 광둥의 '공항의 해상 실크로드' 건설에 있어 핵심적인 역할을 할 것이다. '1+N'을 주요 틀로 하는 국제공항도시 연맹을 조직하여 국제항로 및 (비행)항로, 항공편을 증대시키고, 72시간 내 무비자 입국 정책 및 입국 수속 간소화 등을 시행하여 공항의 글로벌 경쟁력을 제고시켜 나간다. 또한, 각 성과 국경을 통과하는 고속철로 건설을 적극 시행하여 중국 내륙 고속철도와의 연결을 강화하고, 광둥과 연해 국가와의 고속철도의 개통으로 광둥의 대외 영향력을 확대해 나간다.

또한, 정보센터[信息港]인 디지털 실크로드를 구축해 나간다. 광둥은 혁신구동[創新驅動] 발전에 따라 '인터넷+' 행동 계획을 시행하고, '대중적인 창업, 대중적인 혁신'의 기치하에 정보산업 발전 환경을 조성하여 컴퓨터, 사물인터넷, 빅데이터를 중심으로 하는 차세대 정보기술 및 현대 제조업, 생산성 서비스, 금융업, 대외 무역, 관광업 등 중추 산업의 융합 발전을 촉진시켜 나간다. 정보화 협력 플랫폼을 구축하여 광둥과 연선 국가 및 지역이 교통, 무역, 금융, 문화·과학, 의료위생 등 분야에서 정보 공유 및 협력을 강화한다.

셋째, 협력 클러스터를 바탕으로 중국과 외국 간의 새로운 산업 융합을 선도해 나간다. 2014년을 기점으로 중국은 대외 투자의 순자본 수출국이 되었는데, 광둥은 자본을 대규모 유치하는 동시에 대규모로 투자하게 될 것이다. 광둥의 대외 개방 협력은 상품 수출에서 자본 수출로 변화했고, 아세안, 남아시아에 우선적으로 조건을 갖춘 기업들의 해외 투자 발전을 진행하고 있다. '뉴노멀'의 배경하에 광둥은 경제 발전의 신동력을 확보하여 '제조업'을 '스마트 제조업'으로 업그레이드해 나간다. 중외 협력 단지를 플랫폼으로 하여 구미 국가 등 선진국 및 지역에서 우수 자본, 선진 기술, 핵심 설비, 첨단 산업, 우수 인재, 선진 경험을 도입해 나간다.

둥관시는 제1회 광둥 21세기 해상 실크로드 국제 박람회와 중국(광둥)-말레이시아 경제무역협력 교류회를 성공적으로 주최했다. 중산은 첨단기술산업 플랫폼 건설을 추진 중이며, 첨단과학기술, 선진 제조업, 건강의약 등의 고부가가치 산업에 중점을 두고 있으며, 중뤼산업원(中瑞産業園)을 플랫폼으로 스위스·독일·이탈리아 등 국가를 대상으로 정밀 제조업 투자를 유치했다.

(3) 하이난다오성(海南島省)

하이난다오는 '해상 실크로드'의 요충지로서 중국 관광 특별구 구축을 제시하였다. 산야(三亞)에 총 투자 규모가 180억 위안에 달하는 펑황다오(鳳凰島) 국제 정기 여객선 항만 2기 공정이 건설 중이다. 펑황다오에 신축된 4개의 정기 여객선 부두 중 최대 규모로 22.5만 톤 선박이 정박할 수 있으며, 2016년 말에 완공될 것으로 예상되고 있다.

일대일로 전략하에서 하이난다오를 국제 관광섬 업그레이드에 박차를 가하고 상호 연결, 상호 소통 실현 일환으로 산야(三亞) 펑황다오 국제 정기 여객선 항만을 아시아 최대의 국제 정기 여객선 모항 중의 하나로 육성해 나간다. 하이커우(海口)시는 일대일로의 전략적인 주요 도시이고, 해상 실크로드의 '남대문'으로서 역할을 제고해 나간다.

4. 동부 연안 지역

(1) 산둥성(山東省)

산둥성은 21세기 해상 실크로드에 의거하여 연해 도시와 항구를 긴밀히 연결하고, 6대 국제 경제 협력 회랑 계획에 따라 "하나의 선으로 연결된 6대 경제회랑을 전개하고, 2개의 핵심이 여러 개의 중점 지역을 이끌어 나가는 공간적 구조를 건설해 나간다."는 방침이다. 단기적으로는 일대일로 연선 국가 및 지역과 정책, 무역, 통화, 민심, 도로 등의 분야를 상호 연결하고 소통하며[互聯互通], 특히 인프라 건설을 통해 관련 프로젝트를 추진하고, 양자 혹은 다자 간 협력을 강화하기 위해 '국가별 산업 협력 단지'를 조성하면서, 단계적으로 관련 플랫폼을 마련할 계획이다.

중기적으로 산둥성은 향후 10년 동안 일대일로 연선 국가와의 경제, 문화, 과학기술 등의 협력을 강화하고, 해당 국가들과의 쌍방향 교류를 강화해 나간다. 장기적으로는 일대일로 연선 국가와 산업, 문화, 관광 등 전 분야의 협력 시스템을 완비하여 한국·일본·중앙아시아·동남아시아 등과의 역내 협력에 중요한 플랫폼이 되고, 신유라시아대륙 횡단 철도의 성장 거점으로 발전하기를 기대하고 있다.

칭다오시는 서쪽으로는 중앙아시아·유럽과 통하고, 남쪽으로는 아세안·북아프리카와의 무역 통로를 확보하며, 동쪽으로는 한국·일본 외에 북미·캐나다 등과 통하여 유라시아 및 태평양 진출을 위한 주요 회랑 역할을 기대한다. 쟈오둥(膠東) 국제공항, 칭다오항-연운항 철도, 지난시-칭다오시 고속철 등을 추진하고 있다. 칭다오-중앙아시아 컨테이너 화물철도는 2015년 7월 운행을 시작했고, 지난시와 칭다오시를 잇는 고속철 건설 프로젝트는 2015년 8월 착공을 시작으로 2018년 개통될 계획이다. 칭다오시와 연운항을 잇는 고속철 프로젝트는 해안선을 따라 이동하여 일대일로 노선과의 연계성은 물론 효율적인 교통망을 구축하는데 중추 역할을 할 것으로 기대된다.

옌타이시는 화동 지역, 동북 지역, 한국·일본과 지리적으로 가까운 곳에 위치하고, 철도, 고속도로 등을 통해 신장, 네이멍구로 연결되어 있어 국내외 협력을 심화하고 각종 투자 유치 및 역내 공동 발전을 실현하는데 유리한 입지 조건을 갖추고 있다. 이러한 입지를 살려 한-중 열차페리, 환보하이 고속철도, 옌타이-다롄 해저터널(고속철, 도로) 등을 조기에 구축하려고 한다. 특히, 옌타이시는 육해 복합 교통망을 구축하는 일환으로 한·중 열차페리 사업을 국가 발전 계획으로 지정하였다.

옌타이시는 해당 국가의 기업들이 옌타이시에 투자하도록 기반을 마련하고자 다양한 주제로 양자 혹은 다자 간의 산업 단지를 건설하는 데 주력하고 있다. 한국의 자동차, 전자, 의료 등 최첨단 산업과 연계하여 한·중 최첨단 산업 협력 단지 조성을 추진하고 있다. 아울러 한·중 산업 단지를 새만금 한·중 경제 협력구와 자매 단지 관계로 확립하고, 현대 서비스업, 신흥 산업, 항만 경제 등의 구역을 중점적으로 조성해 한·중 FTA 협력 시범구로서의 역할을 제고해 나가겠다는 복안이다. 또한, 옌타이시 중·러 첨단 기술 산업화 협력 시범 단지를 조성하여 해양 공정, 바이오 제약, 신재료, 전기기계 등에서 협력을 강화해 나갈 계획이다.

(2) 장쑤성(江蘇省)

2014년 12월 시진핑 주석이 장쑤성 시찰 시에 "장쑤성은 일대일로의 교차점으로서 역할을 해나가야 한다."라고 제시한 방침에 따라 일대일로 전략을 마련하여 추진해 나가고 있다. 첫째, 입체적인 교통 통로로의 기능 제고이다. 쑤멍어우(蘇蒙歐) 국제화물철도, 렌윈강-유럽 국제화물열차 등 철도 노선을 중심으로 물류 협력을 강화해 나간다.

둘째, 대외 개방 협력을 강화해 나간다. 장쑤성은 인도네시아·싱가포르를 21세기 해상 실크로드 중점 국가로 삼아 아세안 자유무역협정을 활용하여 인도네시아와의 교역 협력을 강화하고, 쑤저우공업원구를 발판으로 싱가포르와 새로운 서비스업 분야에서 협력을 강화한다. 카자흐스탄, 독일을 실크로드 경제 벨트 중점 국가로 삼고, 렌윈강 카자흐스탄 물류 단지 건설을 유대로 카자흐스탄과 자원 에너지, 교통, 기초 시설 건설 등에서 협력을 강화하며, 독일과는 제조업 부문에서 협력을 강화해 나간다.

중국-카자흐스탄(렌윈강) 물류합작기지 프로젝트 1기 공정이 준공되었는데, 이는 시진핑 주석이 실크로드 경제지대 건설 전략 구상을 제시한 후 처음으로 완성된 중외 경제 합작 프로젝트이기도 하다. 새로운 실크로드의 첫 플랫폼이 정식으로 운영되기 시작한 것을 의미하며 나아가서 실크로드 경제지대의 전략적 구상이 실질적인 시행 단계에 진입하였음을 상징하는 것으로 평가되고 있다.

셋째, 쑤저우 공업원구, 쿤산 양안협력시범구 등 개방 협력 플랫폼의 금융 혁신 강점을 활용해 나간다. 국경 간 위안화 업무를 싱가포르 남경 생태과학기술섬, 쑤통(蘇通)과학기술원구 및 우시(無錫) 싱가포르 공업원구 등 신협력원구로 확대해 나간다. 넷째, 문화 교육의 강점을 활용하여 인문 교류를 심화시킨다. 해상 실크로드 개척자 '정화(鄭和)'를 배경으로 실크로드 경제 무역 문화전을 개최하고, 실크로드 국가들과 정부 간 교류를 강화하며, 우호 도시 및 인문 교류 기지를 건설해 나간다.

넷째, 쉬저우(徐州)는 렌윈강과 더불어 장쑤성 일대일로 정책에 있어서 중점 도시로서 역할을 하게 되며, 특히 신대륙교 경제회랑 경제지대 구축을 위한 중심축으로서 동서, 남북으로 이어지는 물류망 구축에 역점을 두고, 후이안(淮安), 옌청(鹽城), 수치엔(宿遷) 등 후이하이(淮海) 경제구의 중심 도시로서 기능을 하게 된다.

(3) 저장성(浙江省)

저장성은 '창장(長江) 황금수도'와 남북 해운 대통로의 교차점에 위치하고 있고, 동(東)으로는 해상 실크로드에 연선해 있으며, 서(西)로는 창장 경제 벨트를 통과하고 육상 실크로드에 연접해 있다. 무역 대성(貿易大省)인 저장성은 일대일로의 '문호성(門戶省)' 그리고 '중견성(中堅省)'으로 된다는 목표를 설정하고, 각 지역 특성에 맞는 일대일로 정책을 추진하고 있다.

먼저, 이우시의 국제 소상품 집산지의 특색을 발휘하도록 한다. 소상품 내수시장 도소매의 중심지이자 수출입 집산지인 이우시는 이신어우(이우시-신장자치구-스페인 마드리드)의 중국-유럽 간 횡단철도인의 시발점으로서 교통상의 편리를 활용할 수 있다. 이신어우 철도는 기존 시안-유럽 구간을 대폭 연장하는 야심찬 일대일로 구상의 단편을 보여주는 것으로 평가받는다. 항만이 없는 내륙 도시로 물류 인프라가 부족한 데도 불구하고 세계 최대 소상품 시장을 육성해 중국 상품 수출의 전진기지 역할을 해 온 이우시가 이신어우의 기점이 됐다는 사실이 갖는 의미도 있다.

둘째, 닝보항과 저우산항을 핵심으로 하는 항구 이점과 해양 자원 이점을 활용해 나간다. 이 지역은 고대부터 한국과 일본뿐만 아니라 동남아 등지와 활발한 교류를 해온 해상무역의 전진기지였다. 닝보항은 오늘날 심수항으로 이름을 날리고 있으며 거대한 물류기지로 변했다. 수천여 개의 섬이 산재하고 있는 저우산은 해양경제발전시범구로 지정되었다. 저장성은 이러한 특성을 살려 닝보-저우산항을 세계적인 대중 상품의 집산지 등 무역 창통의 보루로 육성해 나간다는 복안이다.

셋째, 전자상거래 업무를 선도적으로 발전시켜 저장성을 인터넷 실크로드의 종합 시범구로 조성한다. 특히, '중국(항저우) 전자상거래 종합개혁시범구' 건설을 가속화해 나간다. 항저우는 중국의 '전자상거래의 고향'으로 불릴 정도로 중국 전체 1/3의 종합 전자상거래 관련 사이트가 자리 잡고 있다. 2015년 3월 12일 중국 국무원은 항저우에 유일한 '국제 전자상거래 종합 시범구'의 설립을 승인하였으며, 이는 항저우, 정저우, 닝보 등 기존의 7개 국제 전자상거래 시범 도시보다 더 높은 단계의 국가급 시험구이다. 항저우 대표적인 기업은 알리바바(阿里巴巴), 징둥(京東), 양마터우(洋碼頭) 등이다.

5. 화중 지역

(1) 허난성(河南省)

허난성은 일대일로의 종합 교통 중추 및 상업·무역 물류 중심, 신유라시아대륙교 경제회랑 지역이 상호 협력하는 전략 플랫폼, 내륙 대외 개방의 전략 지점을 표방하면서, '두 개 통로, 1개 주축' 전략을 마련하였는데, 이는 동쪽으로 연결하고 서쪽으로 나가는 육로 통로 건설, 전 세계로 관통하는 공중 통로 건설, 내륙 개방 전략 중추 건설을 의미한다. 시기별로 단기(2020년까지), 중기(2015년까지), 장기(21세기 중엽까지)로 나누어 연선 국가들과 철도, 육로, 항공 및 해로 등 4개 항(港)이 연동되는 종합 교통망을 구축하여 국제적으로 영향력이 있는 종합 교통 중추, 상업 물류 중심으로 만들어 나간다는 발전 목표를 제시하였다.

중점 업무로 기초 인프라 상호 연결 및 상호 소통[互聯互通], 자원 에너지 협력 심화, 국제 산업 협력 전개, 경제 무역 협력 수준 제고, 금융 협력 강화, 인문 협력 교류 긴밀화 등이 제시되었다. 경제 무역 협력 수준 제고 방안으로 허난성이 내세우고 있는 정저우 국경 간 전자상거래 종합 시범구 건설 방안이 강조되었다.

'정신어우(鄭新歐)' 국제화물철도는 허난성과 일대일로 정책을 이어주는 첫걸음이라고 할 수 있다. 이는 정저우를 중심으로 국내외를 잇는 핵심 교통망이자 중국의 동서를 잇는 아시아 국제 물류의 대통로이다. 2014년에 이 화물 철도 노선은 화물 운송량, 화물 만재율, 주요 영업 수입액 증가 속도 등 측면에서 중국－유럽 간 철도 노선 중에서 1위를 차지하였다.

허난성은 '정저우 항공항경제종합실험구'를 통해 21세기 해상 실크로드를, 서로는 육상 실크로드를 연결하는 주요 접점 역할을 하려고 한다. 이 종합 실험구는 국제항공 물류 허브 및 내륙 대외 개방의 창구 기능, 스마트폰·노트북·TV 등 첨단 단말 기계 산업기지 형성, 주거 및 업무 적합 지역으로의 조성 등에 있어서 선도적 역할을 할 것으로 기대된다. 아울러 허난성은 국제 무역 전자상거래 기지, 대량 식품, 농산품 국제 무역 기지 및 첨단 장비 국제 무역 기지를 갖춘 특색 있는 자유무역구 건설을 추진하고 있으며, 이를 통해 일대일로 경쟁력 강화와 국제화에 박차를 해 나갈 계획이다.

(2) 후베이성(湖北省)

총 2,800km 길이의 창장 운항항로 구간 중에서 약 37%인 1,060km가 후베이성을 지남에 따라 후베이성은 교통 인프라 구축에 있어서 이점을 지니고 있다. 중국 경제의 중점 발전 지역으로 제시한 창장 유역과 중부 지역이 겹치는 곳으로 중국의 핵심 성장지가 될 것으로 보는 전문가들이 많다.

후베이성은 경제 무역 협력, 산업 투자, 기초 인프라 건설, 에너지·자원 개발, 교통운수 체계, 인문 교류 협력 등 여러 분야에 걸쳐 일대일로 정책을 추진해 나가기로 하였다. 첫째, 경제 무역 협력 측면에서 대외 공정 담보와 대외 투자를 적극적으로 전개하여 장비 제조, 통신, 전력, 공정기계, 선박 등 대형 설비 수출을 추진한다. IT 기술, 선진 장비 제조업, 식품 가공, 방직 섬유 및 기술, 노무, 물류 위주의 서비스업 등 5대 대외 지향형 수출 산업군을 대대적으로 배양한다.

둘째, 산업 투자 측면에서 러시아·중앙아시아 등에 농업 개발구, 농산품 가공 단지 등을 건설한다. 강철 야금, 건자재, 방직업 등 분야의 경외 투자를 전개한다. 카자흐스탄·러시아 등에서 부동산 개발 협력을 전개한다. 셋째, 기초 인프라 건설 측면이다. 연선 국가의 철도, 도로, 항구, 공항 등 교통 시설 프로젝트 연구, 설계, 시공감리, 평가 등에 적극 참여하여 표준, 기술, 설비 등의 '저우추취(走出去)'를 가속화한다.

넷째, 자원·에너지 협력 개발로서 연선 국가의 태양광, 풍력, 수력발전소 등 협력 개발에 적극 참여한다. 기업들이 직접 투자 혹은 지분 투자 등 방식으로 연선 국가의 가스, 석탄 등 자원 개발 참여를 지원한다. 다섯째, 인문 교류 협력으로 중앙아시아·서남아시아 국가 등의 대학들과 공동 수학 시스템 전개를 지지하며, 화교 유학생 시범기지를 건설하고, '문화주' 등 문화 교류 활동을 전개한다.

여섯째, 교통운수 체계 분야로서 일대일로 상의 중요한 항구로서의 수준을 제고한다. '한신어우(漢新歐)' 국제화물철도의 능력을 제고하여 실크로드 경제 지대 연선 국가들의 국제 운수 대동맥으로서 역할을 해 나가고, 우한-상하이 간 강변 철도를 건설하여 해상 실크로드로 가는 새로운 통로를 만들어 간다.

2014년 4월부터 '한신어우(漢新歐)' 국제화물철도가 정상적으로 운행되면서 후베이성이 일대일로 정책을 추진하는 데 있어서 탄력을 받고 있다. '한신어우'는 카자흐스탄·러시아·폴란드 등을 경유한다. 또한, 한스 고속철도가 우한과 샤오간·수이저우·샹양·스옌 등 5개 요충 도시를 관통함으로써 일대일로 전략 수행에 큰 도움이 되고 있다. 시안-창사 간 철도 노선이 시공 중인데, 이 철도가 완공되면 창장 경제 벨트 활성화에 견인체 역할을 할 것으로 전망된다.

(3) 후난성(湖南省)

후난성의 이름은 둥팅호(洞庭湖) 남쪽이라는 데에서 유래했다. 창장의 남쪽에 위치하며, 일찍이 수로 교통이 발달한 곳이다. 현재는 징광(京廣) 고속철도로 실크로드 주요 도시와 연결되고, 후쿤(湖昆) 고속철도를 통해 아세안 국가들과 통할 수 있으며, 수로로 동해안에 직접 닿을 수 있고, 주강 3각주, 베이부만에 접근하기가 용이하다. 후난성은 신문 출판, 전파 매체에서 국제적인 경쟁력을 가지고 있어 인문 교류 측면에서 유리한 조건을 갖추고 있다.

이러한 지역적 특성을 살려 후난성은 '6대 행동'을 실시하고, '5대 시스템'을 구축해 나간다는 목표를 설정하였다. 6대 행동은 첫째, 장비 생산 부문의 해외 진출로서 2017년까지 대외 투자액 30억 달러를 돌파하여 대외 무역 성장률 15% 이상을 달성한다. 둘째, 대외 무역을 제고하여 2017년까지 수출을 10% 성장하고, 일대일로 연선 국가와는 20% 이상 달성한다. 셋째, 유입 기술을 높여 2017년까지 외자 직접 투자액을 100억 달러 정도로 안정시키고, 선진 기술과 관리 모델을 도입한다. 넷째, 기초 시설 연동을 통해 2017년까지 일대일로 연선 국가가 확정한 중점 성·시, 중점 항구의 주요 통로를 직접 연결해 나간다.

다섯째, 연선 국가로 나가는 서비스 플랫폼을 구축한다. 여섯째, 인문 교류를 확대해 나간다. 2017년까지 문화상품 교역액을 13억 달러 달성하여 15 % 이상 성장시키며, 국제 관광객 수입을 10억 달러 달성하고, 연선 국가 유학생 유치를 연평균 10% 달성한다. 일대일로 '5대 시스템'은 항목 추진 시스템, 금융 · 재정 · 세무 지원 시스템, 인재 보장 시스템, 리스크 통제 시스템, 업무 협조 시스템이다.

(4) 장시성(江西省)

2015년 5월 15일 발표된 〈장시성의 실크로드 경제지대 및 21세기 해상 실크로드 건설 실시 방안〉에 따르면 장시성은 패키지 정책 조치, 대외 통로 건설, 산업 협력 프로젝트 실시, 협력 플랫폼 구축, 인문 교류 활동 전개 등 다섯 부문에 33개 항목에 걸친 일대일로 전략을 제시하였다. 정책 조치로 프로젝트 추진 시 아시아인프라투자은행(AIIB) 및 실크로드기금 지원을 받는데 적극적인 노력을 기울이고, 중국공상은행과 '저우추취(走出去)' 전략 협의서를 체결하고, 중국은행 등 상업은행과 다각적인 협력 관계를 수립한다는 방침이 정해졌다.

6. 징진지(京津冀) 지역

(1) 징진지 발전 전략

중국 정부는 수도권 광역 발전 프로젝트인 '징진지 일체화(京津冀一體化)'를 추진하고 있다. 징진지(京津冀)는 베이징 · 톈진 · 허베이를 일컫는 말로 지리적으로 인접한 중국 수도권의 산업 · 교통 · 환경 문제 등을 통합적으로 해결한다는 구상이다. 중국 정부는 '징진지 일체화(京津冀一體化)'를 통해 베이징에 집중된 수도 기능을 분산시켜 톈진은 항운 물류 및 금융 서비스 산업을, 허베이는 제조업 및 전략적 신흥 산업을 이끌어나가게 하는 전략이다. 구체적으로 베이징을 정치·문화·국제 교류의 중심지 및 과학기술 창조혁신 도시로 육성하고, 톈진을 국제 항구도시·북방 경제 중심·생태도시로, 허베이성을 북방 선진 제조업 기지·물류 기지·전략 자원 비축 중심구 등으로 특화하는 프로젝트이다.

(2) 톈진시(天津市)

톈진은 해상 및 육상 교역에 있어서 유리한 위치를 선점하고 있다. 베이징-상하이를 연결하고, 허베이성 친황다오(秦皇島)의 산하이관(山海關)구로 통하는 철로가 관통하여 교통 네트워크 방면에서 사통 발달한 지역이다. 만저우리(滿洲里), 얼롄하오터(二連浩特), 아라산커우(阿拉山口) 세 곳으로 통하는 운송 통로를 보유하고 있다. 아울러 베이징-상하이를 연결하고, 허베이성 친황다오(秦皇島)의 산하이관(山海關)구로 통하는 철로를 제공하고 있다.

철도 이외에 수로, 항공로 등의 선진적인 운송 시스템을 갖추고 있는데, 이는 징진지 및 중서부 지역의 14개 성시, 자치구(自治區)로 연결된다. 톈진은 북방 최대의 항구로 세계 180여 개국의 400여 개 항만과 연결되는 해운 허브이며, 베이징 대외 무역액의 90% 이상을 톈진항에서 처리하고 있으며, 톈진항 처리 수출입 화물의 50% 이상이 톈진 이외의 지역에서 오고 있다. 톈진공항은 중국 북부에서 가장 큰 항공 화물 운송센터로, 30여 개의 운항 노선을 보유하고 있다.

톈진시는 〈톈진시의 실크로드 경제 벨트 및 21세기 해상 실크로드 건설 실시 방안〉에서 기초 인프라 후롄후통(互聯互通) 추진, 경제 무역 협력 고급 플랫폼 구축, 산업 및 기술 협력 추진, 금융 개방 수준 제고, 전면적인 해상 협력 전개, 인문 교류 협력 긴밀화 등 6개 부문에 걸친 중점 업무를 제시하였다.

또한, 일대일로의 교차 지점, 중국-몽골-러시아 경제회랑 동부 기점, 신유라시아 대륙교 경제회랑의 중요 지점으로서 6대 중점 전략을 설정하였다. 첫째, 수출시장을 개척하며, 둘째, 설계, 장비, 관리 부문 등의 해외 진출을 도모하고, 셋째, 자원 에너지 개발을 강화하고, 넷째, 생산 능력을 해외로 이전하기 위해 국제 협력구 건설을 확대한다. 다섯째, 화물 물류를 확대하고 국제적인 항구 협력을 강화하여 원스톱 '저우추취' 기업 서비스를 제공하는 등 북방 국제항운 핵심 지구를 조성한다. 여섯째, 금융 혁신을 전개하여 융자, 리스, 채권 등 금융 수단 이용, 국경 간 위안화 업무 혁신 등을 추진한다.

'일대일로 전략과 더불어 징진지 지역의 협력 개발을 통해 톈진에 고속도로, 철도 등 교통 인프라 투자가 본격적으로 이루어질 전망이다. 징빈(京濱 : 베이징-빈하이신구) 고속도로를 건설할 예정이며, 이 고속도로는 동북, 화동 및 화남 지역을 연결하는 새로운 운송 통로로서 육상 실크로드 역할을 하게 될 것이다. 톈진은 유럽, 중앙아시아 등으로 통하는 해운 철도망 및 운송 서비스 기능 개선을 통해 대외 무역의 창구 기능이 강화될 것으로 본다. 토요타는 핀란드를 통해 카자흐스탄에 수출하면서 운송 기간이 70일이나 소요되었으나, 현재는 톈진을 거쳐 곧바로 카자흐스탄으로 운송하여 기간이 15일로 단축되고 비용도 절감하고 있는데 참고할 만하다.

(3) 허베이성(河北省)

지리적으로 허베이성은 발해만 지역에 자리 잡고 있어 '일대(一帶)' 와 '일로(一路)'의 접점에 위치하고 있다. 중몽러 경제회랑은 톈진, 다롄에서 시작하여 몽골·러시아를 거쳐 발틱 해에 이른다. 허베이성 지척에 있는 톈진은 신 유라시아 대륙교의 최단 거리의 동쪽 기점이며, 동북아와 동남 아시아 및 서남아시아를 연결하는 교량에 위치한다.

허베이성의 일대일로 전략은 교통 인프라 건설을 가속화하고, 연선 지역과의 자원·에너지 협력을 강화하며, 기업들이 '해외 투자, 외자 유치' 추세를 활용하도록 하여 징진지(京津冀) 경제 발전에 중요한 지렛대 역할을 하도록 하는 데 있다.

허베이성의 산업과 연선 국가와 지역과의 상호 보완성을 십분 활용하여 태양광, 철강, 유리, 시멘트 등 과잉 산업과 기업을 동남아, 서남아 등지로 생산기지 이전을 장려하고 있다. 또한, 장비 제조, 화공의학, 방직, 금속제품에 종사하는 기업들이 연선 국가와 협력을 전개하고, 기술 혁신, 관리 혁신 및 영업 혁신을 이루고, 국제 시장을 개척하도록 지원해 나간다.

7. 동북부 지역

(1) 랴오닝성(遼寧省)

랴오닝성, 지린성, 헤이룽장성 등 동북 3성 및 네이멍구는 몽골·러시아 등 대북 개방의 주요 통로로서 극동 지역과의 육해상의 창구 역할이 부여되었다. 랴오닝성은 동북 지역 중 유일하게 바다와 인접하여 육·해상 양방향으로 인프라 구축이 가능하며, 연해(沿海), 연강(沿江), 연변(沿邊) 지대로 지리적 이점을 지니고 있다. 그리고 유라시아 대륙철도를 거쳐 바다로 나가는 요지이자 중국-몽골-러시아 경제회랑 개발의 중요한 고리로서 육상 및 해상 양방향 실크로드 건설이 용이하다.

이에 따라 다롄(大連), 잉커우(營口), 진저우(錦州), 단둥(丹東)을 주요 거점으로 랴오닝의 서부와 내몽골자치구의 동부를 잇는 물류 건설에 박차를 가하고 있다. '랴오닝-만저우(滿洲)-유럽', '랴오닝-몽골-유럽'과 '랴오닝-해양-유럽' 등 3개 노선의 종합 수송 루트 개발이 주요 목표이다.

국무원이 비준한 제10번째 국가급 신구인 다롄 진푸(金普) 신구를 동북아 개방의 신전략 지점으로 육성해 나가며, 진저우(錦州)시는 '항구를 통한 부흥 전략'에 입각하여 바다 항구, 공항 항구 건설을 추진하며, 잉커우(營口) 경제기술개발구는 항구 경제를 무역형, 금융형 경제로 발전시킨다는 계획 아래 금융 자산 교역 중심 조성에 주안점을 두고 있다. 동시에 중한 무역 시범구 및 종합 보세구 건설을 가속화하고, 러시아, 한국 산품 동북 시장 집산지 건설도 추진하고 있다. 후루다오(葫蘆島)를 징진지 발전 전략과 연계하여 발전시키며, 정박 시설을 확장하고 관광업 발전을 추진하고 있다.

해외 투자는 중앙아시아 등 연선 국가들의 풍부한 자원과 랴오닝성의 장비 제조업 간에 상호 보완 관계를 활용하는 전략을 마련하고 있다. 특히 2014년 8월 국무원이 마련한 〈동북 진흥 지지를 위한 중대한 정책 조치에 관한 의견〉을 통해 은 동북 지역의 발전소, 철도, 석유화학 등 장비 산업의 해외 투자 촉진 전략을 추진해 나가고 있다. 러시아 바슈코르토스탄 석유화학공업단지, 카자크스탄 산업단지, 몽골 공업단지, 인도네시아 공업단지, 인도 종합산업단지 등 역외 공업단지 건설에 적극적으로 참여할 예정이다.

(2) 지린성(吉林省)

지린성은 구미(歐美)와 연접한 북빙양 항로를 적극적으로 열고, 한국·일본과의 국제 해운 노선을 안정적으로 운영하며, 창춘-만주리-유럽 국제화물철도를 현실화하는 데 역점을 두고 있으며, 지린성의 일대일로 전략은 '창지투 개발'에 초점이 맞추어져 있다. 시진핑 주석은 2015년 7월 16~18일 지린성 일대를 둘러보면서 북한·중국·러시아 3국 간 경제 협력을 염두에 두고 추진돼온 〈창지투(長吉圖 : 창춘-지린-투먼) 개방 선도구〉사업에 큰 관심을 나타내면서, "창지투 개방 선도구가 동북 지역 대외 개방의 모범구가 될 수 있도록 노력해야 한다."라고 당부했다.

지린성은 2015년 4월 〈지린성 동부 녹색 전환 발전구역 총계획〉을 통해 북한-중국-러시아-몽골 등 4개국 간의 경제 협력을 한층 강화하고 유럽 시장 진출을 위해 동해에서 출발하는 새로운 북극해 항로 개척을 추진하겠다고 발표했다. '차항출해'(借港出海, 항구를 빌려 바다로 진출) 실현'을 강조하며, 두만강 지역을 중심으로 적극적인 개발 의지를 보였다.

랴오닝성 선양-단둥과 다롄-단둥을 잇는 고속철이 완공된 데 이어 지린성 창춘-훈춘을 연결하는 고속철이 개통했다. 북·중 압록강 국경인 단둥과 두만강 국경인 훈춘이 중국 횡단철도(TCR)와 고속철로 이어진 것이다. 선양-단둥 구간은 3시간 30분 걸리던 여행 시간이 1시간 10분으로 단축되었다. 창춘-훈춘 노선은 옌볜조선족자치주의 주요 도시를 거쳐 간다. 이로써 지린성 중심 도시인 창춘과 북·중·러가 만나는 훈춘을 '3시간 생활권'으로 만들었다.

훈춘은 북한 나선과 러시아의 하산을 잇는 3국 경제 협력 벨트의 꼭짓점에 해당하는 곳이다. 상대적으로 낙후됐던 동북 3성 구석구석에 고속철도망이 깔리면서 인적 교류가 활발해지고 물류 체계가 크게 개선되고 있는데, 특히 훈춘은 동해 진출의 교두보, 물류 및 관광 산업의 거점으로 부각되고 있다. 훈춘은 중국 일대일로 북방 실크로드 개발의 핵심 지역이자 한반도와 유라시아를 잇는 전략적 요충지로 부상하고 있다.

(3) 헤이룽장성(黑龍江省)

헤이룽장성은 육·해 실크로드를 동서 방향으로 구축해 황해와 보하이(渤海)만, 헤이허(黑河), 러시아 시베리아 횡단철도까지 연결하여 2025년까지 유럽-러시아-몽골-중국-한국-일본을 잇는 육해 실크로드 경제 벨트를 발전시키겠다는 입장을 표명하였다. 실크로드 기초 공정을 강력히 추진하고 적극적으로 국내외 산업단지를 발전시켜 중국과 러시아·유럽은 물론 한국·일본 등 동북아 간 협력을 위해 중요 플랫폼을 제공하고 있다고 강조했다.

총 3단계로 추진되는 헤이룽장성 '실크로드' 사업은 2015년 말까지 1단계 사업으로 러시아·몽골과 함께 3개국 통과 경제 통로 구축 계획을 확정하고, 일대일로와 연계되는 세부 전략을 결정할 방침이다. 이어 2단계로는 2016~2020년 항만, 철도, 도로 등 육·해 실크로드 인프라를 구축하여 유라시아에서 가장 빠르고 편리한 경제 통로로 정비한다는 계획이다. 마지막 3단계는 2021~2025년 사이 만들어진 경제 통로를 종합 운수 시스템으로 발전시키고 에너지 자원 수송 및 생태 환경 보호 기반 시설로 용도를 확대한다는 것이다.

실크로드 사업 중점 업무로는 중·러 국경 간 운수 체계 구축, 기초 인프라 후롄후통(互聯互通) 가속화, 패키지 서비스 시설 건설 강화, 자원 에너지 및 생태 환경 보호 협력 강화, 국경 간 산업단지 건설 강화, 인문 과학기술 교류 광범위한 전개 등이 제시되었다.

실크로드 계획이 완성되면 동서로는 랴오닝성(遼寧省) 다렌(大連)-하얼빈-자무스(佳木斯), 남북으로는 쑤이펀허(綏芬河)-네이멍구(內蒙古) 자치구 만저우리(滿洲里), 퉁(同)강을 이용한 운수로 등 교통망이 들어서게 된다. 아울러 러시아와의 접경이라는 지리적인 이점을 활용하여 동북아시아와 유럽을 잇는 국제화물 물류운수 통로를 확보함으로써 무역 및 화폐 유통 활성화, 도로망 확대, 인적 교류 증대 등을 도모할 수 있다.

(4) 네이멍구(內蒙古)자치구

네이멍구 북동부는 중국·몽골·러시아 3국 변방 삼각지대에 위치한 유라시아 대통로의 허브 지역으로 일대일로 정책 실시에 따른 중·몽·러 경제회랑 건설 등 북방 실크로드의 핵심 지역으로 부상하고 있다. 행정구역상으로는 네이멍구에 속하나 경제적, 지리적으로는 헤이룽장성과 밀접하게 연계되어 있어 동북 3성 경제권에 포함되어 흔히 네이멍구 동북부 지역을 포함하여 동북 4성으로 지칭하고 있다. 2015년 7월 시진핑 주석의 지린성 창춘시 방문 시 동북 3성 지도자가 참석한 가운데 개최된 경제 관련 좌담회에 네이멍구 서기도 함께 참석하였다

네이멍구 만저우리시는 중국의 대유럽 물동량의 상당 부분을 담당하고 있으며, 중·몽·러 경제 벨트의 중점 산업단지이자 육해 연합 운송 대통로의 중요한 역할을 하고 있다. 2015년 3월 만저우리 종합 보세구가 국무원의 정식 승인을 받았으며, 앞으로 현대 물류, 보세 창구, 국제 무역 및 보세 가공을 4대 중점 사업으로 발전시켜 나갈 예정이다. 후룬베이얼시는 중국 내에서 러시아·몽골과 동시에 국경을 접하고 있는 유일한 지역으로 8개의 1급 통상구를 보유하고 있어 중국 동부에서 유라시아로 통하는 중요한 통로 역할을 하고 있다.

1. 자유무역시험구와 연계

상하이 자유무역시험구는 금융, 서비스업, 물류, 해운, 통관 분야를 망라해 대외 개방을 위한 시험을 전개하고 있으며, 성공한 사례는 중국 전역으로 보급되고 있다. 중국의 과거의 개혁개방 정책이 대대적인 외국인 투자 유치를 통한 발전 전략이었다면, 시진핑 체제가 구사하고 있는 개혁개방 전략은 과감한 혁신 정책을 통해 중국 자체의 경쟁력을 끌어올리겠다는 것이다. 그런데 새로운 정책 시행에 따른 리스크를 감안하여 여건이 가장 잘 갖추어져 있는 상하이 푸둥 지역의 네 개 보세구에 자유무역시험구를 설정하여 정책을 실험해 보고 그 성과를 전국으로 확산시켜 나가겠다는 전략이다.

외상 투자에 있어서 네거티브 리스트 제도가 도입되고, 기업 설립 제도가 심사 허가제에서 등록제로 변경되고 있는 등 기업 관리 제도에 일대 변화가 진행되고 있다. 네거티브 리스트를 채택하는 지역이 늘어나고 있는데, 2017년 12월 31일까지 네거티브 리스트를 계속적으로 확대 실시하고 2018년부터 전국적으로 전면 시행한다는 목표다. 네거티브 리스트는 해외 기업이나 자본의 중국 시장 진입 문턱을 낮추고 행정 절차를 간소화해 투자를 활성화하는데 목표가 있으며, 한층 개방되고 공정한 경쟁이 가능한 시장 환경을 조성하기 위한 개혁 조치이다.

2014년 12월 중국은 상하이 자유무역시험구의 공간 범위 확장과 함께 제2의 자유무역시험구로서 톈진·푸젠·광둥을 지정하였으며, 2015년 4

월 정식으로 시행되었다. 톈진은 징진지 경제구 및 보하이 만 일대와 연계되고, 푸젠성은 대만과 연계되며, 광둥성은 홍콩 및 마카오와 연계되어 개발되고 있다. 현재 충칭·청뚜·우한·시안 등 여러 지역에서 자유무역시험구 지정을 위해 뛰고 있다. 이러한 자유무역시험구 개혁은 일대일로 전략 시행의 기초이자 촉진제로 작용하고 있다.

2. 국가급 신구(新區) 지정을 통한 연계 전략

각 지역에 국가급 신구 지정을 하여 지역 연동 개발을 추진하고 있다. 국가급 신구는 전략적 지역을 신구로 지정하여 국가의 전략적 차원에서 개발하고 건설하며, 국무원에서 토지, 금융, 세금 등 다양한 분야에서 우대 정책 및 개혁 혁신 조치를 실행하는 제도를 의미한다. 국가급 신구가 설립되면 개발이 국가급으로 격상되고, 국무원의 통일적인 규획과 심사 허가를 받는다. 우대 정책과 권한도 국무원으로부터 직접 비준을 받고, 관할구 내에서 보다 개방적이고 우대적인 특수 정책을 실시할 수 있다.

2015년 11월 현재 현재 전국적으로 15개 신구가 있다. 1992년 10월 상하이 푸둥(浦東) 신구가 설립된 이래 1994년 3월 톈진 빈하이(濱海) 신구, 2010년 6월 충칭 량장(兩江) 신구, 2011년 6월 저장 저우산(舟山) 신구, 2012년 8월 간쑤 란저우(蘭州) 신구, 2012년 9월 광둥 난샤(南沙) 신구, 2014년 1월 산시 시셴(西咸) 신구, 구이저우 구이안(貴安) 신구, 2014년 6월 칭다오 시하이안(西海岸) 신구, 다롄 진진(金晉) 신구, 2014년 10월 쓰촨 틴엔푸(天府) 신구, 2015년 4월 후난 난샹장(南湘江) 신구, 2015년 9월 푸젠 푸저우(福州) 신구, 윈난 티엔중 신구가 설립되었다. 이어서 2015년 12월 국무원은 16번째 국가급 신구로 흑룡강성 하얼빈 신구를 승인하였다.

푸둥 신구는 상하이가 경제, 금융, 물류의 중심 도시로 발전하는 데 견인차 역할을 해 왔으며, 저우산 신구는 해양 개발 경제 단지로 기능하고, 란저우(蘭州) 신구는 서북 지역 최초 신구이며, 시셴(西咸) 신구는 산시 시안시와 셴양시의 중간 지역에 설립하여 산시성의 발전을 이끌어갈 목적으로 설립되었다. 마치 바둑의 포석처럼 각 지역의 핵심 지역에 위치한 국가급 신구는 각 지역의 특색에 맞춘 산업 조정을 통해 주변 지역 경제를 발전시키고, 앞으로 일대일로 전략에 참여하여 대내외를 직접 연결하는 중추적 역할을 담당할 것으로 기대되고 있다.

3. 통관 일체화를 통한 물류 제도 혁신

일대일로 프로젝트에서 통관제도 개혁은 효율적인 교류를 위한 전제이다. 중국은 기존에 비효율적인 통관 절차를 개선하여 일대일로를 위한 제도를 마련하고 있다. 통관 일체화 작업은 2013년부터 이미 시작되었으며 전국적으로 5개 구역으로 나누어 이루어지고 있다. 실크로드 지역 통관 일체화는 2015년 5월 1일부로 실크로드 지역 9개 성 10개 지역 해관이 통관 일체화 개혁을 시작되면서 추진되고 있다.

실크로드 경제 벨트 통관 일체화 개혁은 산둥(山東), 허난(河南), 산시(山西), 산시(陝西), 간쑤(甘肅), 닝샤(寧夏), 칭하이(青海), 신장(新疆), 티벳[西藏] 등이 포함됨으로써 중국 동부 연해에서 서부 변경까지 이어져 5개의 통관 일체화 구역 중 가장 범위가 넓고, 지역별 경제·문화 차이가 크다.

통관 일체화는 통관 일체화 개혁 구역 내에 위치한 기업들이 해당 구역 내 항구에서 수출입하는 화물에 적용된다. 기업은 업체 주소지 해관, 화물 실제 수출입지 해관 혹은 직속 해관 집중 보관점(集中報關点) 중 한 곳을 선택해 세관 신고, 세금 납부, 화물 검사 수속 절차를 밟을 수 있다. 해당 기업은 항구 통관, 중계 수속, 구역 통관 일체화 방식 중 한 가지를 선택할 수 있다. 통관 절차를 대행하는 통관 기업이 한 지역에서 등록하고 여러 지역에서 통관 수속을 하는 것[一地注冊, 多地報關]이 허용되었다.

통관 일체화 개혁에 포함되지 않은 지역에 위치한 통관 기업이 개혁 구역 내에 지사를 설립하면, 해당 구역 세관에서 세관 신고가 가능하다. 상품 사전 분류, 가격 사전 심사, 원산지 사전 확정 및 분류, 가격, 원산지 등에 관한 전문 인정 결과 및 일시 출입경 등에 관한 행정 허가 결정 등에 대한 내용을 서로 공유하고 통일이 가능하다.

통관 일체화 개혁 가동 이후 기업의 물류비용이 20~30% 정도 감소할 것으로 예측된다. 징진지 지역 통관 일체화 개혁 이후 베이징을 경유해 톈진으로 들어오는 화물의 경우 운송비가 30% 정도 감소했으며, 톈진을 경유해 베이징으로 들어오는 화물의 경우에는 통관비용이 30% 정도 감소했다. 광둥·창장 경제 벨트 지역에 위치한 무역 기업 또한 이와 같은 비용 절감 효과를 보았다. 통관 절차가 이전에 비해 상대적으로 간소화됨에 따라 통관 시간 또한 단축되었다.

일대일로 전략의 상황 평가 및 제약 요인

일대일로 전략 추진 상황 평가

일대일로 전략의 제약 요인

제8장

일대일로 전략의 상황 평가 및 제약 요인

1. 일대일로 전략 관련 국제 협력

중국 측은 일대일로 전략은 본질적으로 관련 국가들의 협력 플랫폼이자 국제사회에 인프라 공공재를 제공한다는 점을 내세우면서 일대일로 전략은 협력 공동 번영을 기초로 연안 국가들과 평등하고 우호적인 경제 및 문화 교류 공동 번영 실현 등에 목적이 있다고 주장하고 있다.

중국 측이 협력을 상정하고 있는 60여 개의 일대일로 전략 구상 연선(沿線)에 놓여 있는 대부분의 국가들은 인프라 투자 등의 효과를 기대하면서 '일대일로 전략' 구상을 환영하고 있다. 시진핑 주석이 2013년 9월과 10월에 각각 육상 실크로드 경제 벨트와 21세기 해상 실크로드를 제기한 지 2년여밖에 되지 않았지만 관련 국가들의 관심 제고라는 측면에서는 적지 않은 진전이 있는 것으로 평가된다.

시진핑 주석, 리커창 총리 해외 순방이나 외국 고위 인사의 중국 방문 기회 등을 적극 활용하여 일대일로 국제 협력을 공식화하는 양해각서

(MOU)를 속속 체결하고 있다. 한국과는 2015년 리커창 총리의 한·중·일 정상회의 참석 시 한·중 정상회담 계기에 유라시아 이니셔티브와 일대일로 협력에 관한 양해각서(MOU)에 서명하였다. 시진핑 주석은 12월 10일 베이징에서 아제르바이잔의 알리에프 대통령과 '실크로드 경제지대' 건설에 관한 양해각서(MOU)를 체결하였다.

또한, 동구 유럽과는 일찍이 헝가리와 양해각서에 서명하였으며, 폴란드·세르비아·체코·불가리아·슬로바키아 등 5개국 정상은 2015년 11월 쑤저우(蘇州)에서 개최된 중국-동유럽 정상회의에 참석 후 베이징에서 가진 시진핑 주석 면담 시에 중국과 '일대일로 건설 공동 추진' 양해각서를 체결했다. 동유럽 국가들은 60여 개의 '일대일로' 연선 국가 중에서 4분의 1을 차지하면서 유라시아 대륙의 연결 부분에 위치하고 중국-유럽 국제화물열차 나아가 고속철도가 지나갈 중요한 통로이기 때문에 '일대일로' 정책을 추진하는데 중요한 대상으로 인식하고 있다.

한편, 중국은 일대일로를 한국의 유라시아 이니셔티브, 유럽의 '신(新)유럽 투자 계획', 인도네시아의 '글로벌 해양 거점 전략' 및 중앙아시아 국가인 카자흐스탄의 '광명대도(Road to Brightness)', '타지키스탄의 에너지, 운송 및 식량 전략(Energy, Transport and Food)', 투르크메니스탄의 '강하고 행복한 세기(Strong d Happy Era)' 등 인접국의 개발 계획과 연계시키는 방안에 대해 긍정적으로 보고 있는데, 양해각서(MOU) 체결 등을 통해 일대일로 전략 협력을 가속화해 나갈 것으로 본다.

각국에서는 일대일로 전략에 대한 의도 분석 및 대응 방안 마련 등을 위해 활발한 논의가 이루어지고 있다. 한국에서는 일대일로 전략 활용과 유라시아 이니셔티브와의 연계 방안 모색 및 북한의 개혁개방 유도, 나아가 남북통일을 위한 유리한 환경 조성 측면 등 여러 가지 관점에서 학계를 중심으로 백가쟁명(百家爭鳴)식 논의가 이루어지고 있으며, 용역 작업도 적지 않게 진행되고 있다. 아무튼 시진핑 주석이 제시한 일대일로 전략은 세계적인 관심을 받는 이슈로 부상하였다.

2. 중국의 중요한 정책으로 정립

2015년 3월 28일 국가발전개혁위원회, 외교부, 상무부가 공동으로 일대일로 전략에 관한 실시 방안(action plan)을 발표한 후에 지방 성·시에서 경쟁적으로 참여 의사를 표시하고 있다. 중국 정부는 사실상 중국 전역을 일대일로 전략에 직간접적으로 연계시키고 있으며, 각 지방에 일대일로를 활용한 지역 발전 계획을 수립하라는 지시를 하달하였는데, 지방 정부들이 각기 특색을 살려 구체적인 일대일로 실시 방안을 속속 보고하고 있다. 2015년 12월 현재 대부분의 성(省)급 정부에서 실시 방안을 마련하였으며, 이제 시(市)급 정부에서도 실시 방안을 마련하기 시작했다. 중국은 거대한 일대일로 사업장으로 탈바꿈하고 있는 분위기이다.

중국의 경제성장률은 이미 고속 성장의 신화가 깨지고 6% 성장률 시대로 접어들었고, 이러한 성장률 약화 추세는 계속될 것이다. 그런데 일대일로 프로젝트와 관련 2015년 현재 중국 내에서 계획하거나 이미 추진 중인 프로젝트 규모가 1조 400억 위안에 이르는 것으로 나타났다. 이 중 고속철도와 고속도로 관련 투자가 전체의 70% 가까이 차지한다. 중국에서 일대일로 전략을 통해 추진하고 있는 인프라 투자가 가장 중요한 프로젝트가 되고 있다는 반증이다. 인프라 투자가 일대일로 전략을 견인하고 있는 것이다.

3. 금융 지원 체제 수립

중국 정부는 대형 국영기업들이 일대일로를 통해 중국 국내와 해외 시장에 동시에 포진할 수 있게 하기 위해 혼합 소유제와 '정부 사회 자본 합작(PPP)'의 개념 등을 만들었다. 이를 통해 국영기업이 사회의 지적 자본과 산업 자본, 금융 자본을 좀 더 편리하게 이용할 수 있도록 하였다. 일대일로 정책을 성공적으로 진전시키기 위해서는 정부와 기업이 적극적인 민관 협력(PPP)으로 상호 협력할 수 있는 생태계를 구축하는 것이 중요하며, 국제 관례를 받아들이고 혁신적인 자산관리와 산업 최적화가 이루어져야 한다는 인식이다.

2015년 6월 시안에서 개최된 '일대일로 건설과 민영 경제 참여 협력 포럼'에서 중국 학자는 민영기업이 일대일로에 성공적으로 참여하기 위해서는 다섯 가지 사항이 필요하다고 말했다. 첫째, 법률 제정과 정비를 통해 민관 협력(PPP) 프로젝트가 순조롭게 진행될 수 있도록 제도적 장치를 마련해야 한다. 둘째, 일대일로 건설 계획을 수립하는 정부 부서와 관리부서가 민관 협력(PPP)의 큰 방향을 설정하고 새로운 혁신의 경험을 주입시켜나가야 한다. 셋째, 기업의 성공 사례를 모아 홍보하고 더 많은 기업이 혁신을 통해 발전할 수 있도록 지원해야 한다.

넷째, 정부의 지원하에 민영이 중심이 된 일대일로 투자 기금을 만들고 각종 프로젝트가 활력 있게 진행될 수 있도록 돕고, 정부가 각종 우대 정책을 통해 기업이 일대일로 사업에 적극적으로 참여할 수 있도록 방향성을 제시해야 한다. 다섯째, 기업 이외에 연구소, 학교, 전문직 기관, 중개조직 등이 다양한 업계에서 민관 협력(PPP) 사업에 대한 적극적인 관심과 연구를 통해 상호 지식을 공유하고 지원해 나가는 것이 필요하다.

중국 정부는 2014년 2월 400억 달러를 투입해 '실크로드 펀드'를 만들었고, 이어서 러시아·인도·남아공 등 브릭스 국가들과 공동으로 500억 달러를 종잣돈으로 삼아 신개발은행(NDB)을 창설하였다. 이어 자본금 1,000억 달러 규모의 아시아인프라투자은행(AIIB)을 추진함으로써 '일대일로' 지원을 위한 국제적 금융 지원 3각 편대 진용을 갖춘 것 이외에도 금융연맹 조직, 펀드 조성 및 정책 금융 지원 등을 통해 일대일로 프로젝트 추진을 지원하고 있다.

한편, 2015년 9월 말 칭다오은행 주도로 실크로드 경제 벨트 지역 금융 기관들이 함께 '일대일로 금융연맹'을 조직하여 칭다오에 본부를 설립했다. 칭다오은행, 시안(西安)은행, 칭하이(青海)은행, 진상(晉商)은행, 정저우(鄭州)은행, 닝샤(寧夏)은행, 란저우(蘭州)은행 등 23개 금융기관은 '일대일로 금융연맹' 협력 협약을 체결하고 실크로드 협력 기금도 조성하기로 하였다. 금융연맹 투자기금은 연맹 구성원이 일정 지분을 출자하는 방식으로 조성되며 함께 투자 전략을 세우고 투자 범위와 투자 계획도 결정한다. 관련 정보를 공유하고 교류와 소통으로 실크로드 경제지대 경제 통합을 촉진해 일대일로 전략 추진을 위한 금융 서비스 및 자금 지원 역할을 한다.

중신은행이 2015년 6월 4,000억 위안(약 72조 3,120억 원) 규모의 융자금을 지원하고, 초기 자본금이 200억 위안(약 3조 6,156억 원)에 달하는 '일대일로' 펀드를 설립할 계획이라고 발표했다. 아울러 중신은행은 중신증권, 중신신탁(中信信託), 중신건설(中信建設), 중신중장비, 중신국안 정보산업, 중신자원, 중신공정(中信工程), 중신환경(中信環境) 등 중신그룹[中信集團] 산하 회사들과 함께 7,000억 위안(약 126조 5,460억 원) 규모의 일대일로 융자 지원을 실시할 예정이라고 발표했다.

한편, 중신은행 관계자는 24개 지점이 추진 중인 200개 일대일로 중점 프로젝트에 4,000억 위안(약 72조 3,120억 원)을 지원할 예정이며, 16개 지점의 27개 프로젝트에 900억 위안(약 16조 2,702억 원)의 자금이 지원된다고 하면서 그중 17개에 달하는 실크로드 경제권 중점 프로젝트에 400억 위안(약 7조 2,312억 원)이, 10개에 달하는 21세기 해상 실크로드 중점 프로젝트에 500억 위안(약 9조 390억 원)이 융자된다고 설명했다.

중국 인민은행이 외환보유액 620억 달러(약 67조 2,000억 원)를 중국개발은행과 수출입은행에 신탁 대출 형태로 할당해 일대일로에 투입할 계획이라고 전했다. 또 다른 소식통은 중국 재정부가 중국농업발전은행에도 일대일로 관련 자금을 지원할 계획이라고 밝혔다. 중국개발은행의 한 관계자는 "중국 정책은행들이 일대일로를 지원하려면 안정적인 외화 자금이 필요하다."라면서 "3조 7,000억 달러가 넘는 외환보유액을 활용할 것"이라고 언급했다.

4. 활발한 학계의 연구 및 일대일로 행사 개최

학계에서도 움직임이 활발하다. 베이징의 주요 연구기관들이 일대일로 전략을 연구하여 국가발전개혁위원회 등에 보고서를 제출하고 있다. 육상 일대일로의 중심지인 시안에는 시베이대학(西北大學), 시안교통대학(西安交通大學), 시베이정법대학(西北政法大學) 등에 일대일로 연구소가 설립되었으며, 해상 실크로드 중심지인 푸젠성 샤먼대학(廈門大學)에도 일대일로 연구소가 설립되어 해상 실크로드 전략을 집중적으로 연구하고 있다. 시안교통대학은 실크로드 대학연맹 모임을 주관하고 있다.

또한, 일대일로 관련 행사가 속속 개최되고 있는데, 푸젠성(샤먼)과 산시성(시안)은 각각 해상, 육상 실크로드의 중심지로서 실크로드 설명회를 개최하고, 실크로드 영화제 개최도 정례화하려 하고 있다. 산시성은 2015년 5~6월, 중국 동서부 협력 및 투자무역 상담회, 실크로드 국제박람회, 일대일로 해관고위층 포럼[海關高層論壇], 실크로드 관광부 장관회의 등을 개최하고, 9월에는 실크로드 국제 예술제, 유라시아 경제 포럼 등 대규모 행사를 개최하여 일대일로 핵심 지역으로서 주목을 받고 있다.

제2절   일대일로 전략의 제약 요인

1. 잉여 상품 수출 시장 및 과잉 산업 이전 수단

(1) 잉여 상품 수출 시장

아시아 지역 인프라 투자 수요는 급증하고 있다. 그동안 아시아 인프라 시장에 대한 기대감이 컸지만 이를 뒷받침해줄 자금이 부족하다는 벽에 부딪혀 있었다. 글로벌 금융위기 이후 각국의 돈주머니가 마른 데다 ADB나 세계은행의 투자만으로는 한계가 있기 때문이다. 신실크로드기금과 아시아인프라투자은행(AIIB)의 뒷받침을 받는 일대일로 프로젝트가 가속화됨에 따라 고속철도, 도로, 원전, 항만 등 아시아 지역 인프라 건설 투자가 크게 증가할 전망이다. 도로, 철도, 항만 등 기초 인프라(SOC)뿐만 아니라 석유 및 가스 개발, 통신 설비, IT 서비스 등 다양한 산업 진출 기회를 제공할 것이다.

전문가들은 아시아 태평양 지역 개도국의 인프라 건설에 2020년까지 8조 달러가량이 투자될 것으로 보고 있다. 시진핑 주석은 2014년 APEC 정상회의 CEO 회의에서 향후 10년간 중국의 대외 투자액은 1조 2,500억 달러로 증가율이 약 3배에 이를 것이라고 언급했다. 중국은 일대일로를 통한 교통, 전력, 통신 등 인프라 투자는 관련국의 경제 발전과 경기 활성화에 중요한 기여를 할 것이라고 말하고 있다.

그런데 여기에는 나름대로 계산이 작용하고 있다. 과잉 산업 문제를 해결하기 위해 일대일로를 활용하려고 하고 있다. 과잉 산업 문제를 해소할 방법 중 하나는 인프라 건설에 참여하여 자국의 과잉 제품을 해소하는 방법이고, 다른 하나는 과잉 생산된 제품을 대외 무역을 통해 연선국에 직접 판매하는 방법이다. 일대일로 프로젝트는 철도, 도로, 항만 등 대규모 인프라 건설을 유발하기 때문에 철강, 시멘트, 판유리, 알루미늄 등 중국 내 공급 과잉 상황을 해소할 수 있는 좋은 수단이 될 수 있다. 한편, 저렴한 중국 제품 등이 고속철도와 고속도로 등 물류 시스템의 개선으로 아시아 시장에서 빠르게 확대되고 있다. 이러한 확대 추세로 인해 중국이 국내 지역 및 주변국 연계 개발을 통해 과잉 생산된 상품을 전가하고, 중국 상품의 수출 시장으로 만들려고 한다는 의구심이 커질 수 있다.

국가자산감독관리위원회(국자위)는 중앙 국유기업 해외 진출의 발전 방향을 제시하는 〈일대일로 중국 기업 로드맵〉과 해외 진출 현황을 발표하였는데, 2014년 말 기준 국자위 감독 관리 아래의 110개의 중앙 국유기업 중 107개 기업이 전 세계 150개 국가에 8,515개 지사를 설립했으며, 그 중 80개 기업이 일대일로 주변 국가에 지사를 두고 원유 및 천연가스 파이프라인, 송전선, 고속도로, 항구 등 인프라 분야의 협력을 추진하고 있다.

(2) 과잉 산업 이전 수단

중국은 기술력과 브랜드 파워를 확보하기 위해서 선진국 기업 인수와 첨단 산업의 유치를 적극적으로 추진하는 한편, 과잉 생산 설비(overcapacity)는 해외 이전을 추진하고 있다. 일대일로 프로젝트를 통해 철강, 시멘트 등 과잉 산업을 동남아 및 중앙아시아 등으로의 해외 이전을 적극 추진하고 있으며, 특히 철강 기업을 상대로 생산 기지를 동남아시아·중앙아시아·아프리카 등지로 이전을 유도하고 있다. 허베이강철이 남아공과 연산 500만 톤 규모의 제철소 건설 협약을 체결하였고, 수도강철이 말레이시아에 70만 톤 규모의 고로를 건설해 시험 가동에 들어갔으며, 바오산 강철이 태국과 베트남에 강관 및 캔 제조 설비 건설을 검토 중에 있다.

중국은 연선 국가에 공장을 건설하고 생산라인을 이전한 후, 관련된 부대설비와 연계 산업을 동시에 이전함으로써 생산 능력, 자본, 기술, 표준 등이 어우러진 종합적인 이전을 추진하고 있다. 일대일로 전략을 통해 공업단지 건설을 활성화하여, 투자 및 교역 증대에 보다 많은 기회를 창출할 수 있을 것으로 보고 있다. 중국 상무부 발표에 따르면 산업 협력 측면에서 현재 중국은 기업의 대외 투자 협력 플랫폼이자 산업 집결 플랫폼으로서 전 세계 50개국에 118개의 경제 무역 협력 지대를 설립하였으며, 그중 77개가 '일대일로' 연선 국가에 속하고, 중국의 새로운 개방 모델이 되고 있다고 자평하고 있다.

실크로드 경제 지대에 위치한 35개 경제 무역 협력 지대는 카자흐스탄·키르기스스탄·우즈베키스탄·러시아·벨라루스·헝가리·루마니아 등에 위치해 있다. 21세기 해상 실크로드 지역 국가인 라오스·미얀마·캄보디아·베트남·태국·말레이시아·인도네시아·파키스탄·인도·스리랑카 등에도 있다. 상무부의 국제 협력사 관계자는 이러한 협력 단지는 중국 기업의 대외 투자 협력의 플랫폼이자 산업 클러스터 플랫폼으로 기능하고 있다고 밝히고 있다. 아울러 중국은 카자흐스탄이나 파키스탄·미얀마 등에서 기존에 추진되던 프로젝트를 성공적으로 완수하고 이를 모델로 내세우기 위해 노력하고, 일대일로 정책을 통해 국내 개발과 더불어 주변 국가와의 연결 프로젝트를 전개하고 있다.

현재 중국은 동남아시아·서남아시아·중앙아시아 등 지역과의 생산 협력을 중점 발전시키고 있는데, 이 지역은 중국과 인접한 지역으로, 비교적 높은 경제적 상호 보완성을 가지고 있어 중국의 전통 산업 생산 과잉 문제를 비교적 효율적으로 해결 가능하나, 중동·북아프리카 등 지역은 중국과 지경학적 연계성이 비교적 취약하며 경제적 상호 보완성이나 투자 수요 역시 비교적 적은 편이고, 동유럽 등 지역은 중국과 경제 구조가 유사할 뿐만 아니라 정치적으로 민감하며 정세가 불안정한 지역이다.

2. 개발비용 문제 및 중국에 대한 의존 현상 심각화

(1) 개발비용 문제

일대일로 연선 국가들은 대부분이 개발도상국가에 속하고, 자본과 기술력이 부족한 국가들이다. 그래서 자금을 받기만을 바라는 국가들에 대해 일대일로 전략을 추진하는 것이 최소한 단기적으로는 큰 부담으로 작용할 수밖에 없을 것이라는 분석이 나온다. 중국 정부는 '일대일로' 정책을 위해 국영은행들을 국책사업 지원에 전력하도록 바꾸고 있는데, 일부 전문가들은 중국이 일대일로에 올인하는 위험을 무릅쓰고 있다고 보고 있다. 일대일로 계획에 참여하는 국가들 가운데는 경제 기반이 부실한 나라가 많아 중국이 부실 국가들에 재정 지원을 제공할수록 더 많은 채무불이행 위험을 떠안게 된다고 한다.

일대일로 프로젝트 추진을 위한 교통, 통신 인프라 구축은 대규모 자금이 투자되어야 하는 반면, 투자비용 회수에는 장기간이 필요할 뿐만 아니라 비용 회수 가능성 자체도 불투명하다. 일대일로 계획으로 중국에서 돈을 빌린 채무자들이 빚을 갚지 못하거나 관련 기업들이 투자를 회수하지 못할수록 중국 경제가 짊어질 부담은 커질 수밖에 없다고 보는 것이다.

이러한 견해에 대해 중국은 세계에서 가용 외화가 가장 풍부한 나라로서 개발 자금을 출원하는 것은 큰 부담이 안 되며, 또 그 자금이 자국의 자원 확보나 해외 수주에 연결될 가능성이 높기 때문에 긍정적인 역할을 할 것으로 예상된다는 의견도 많다. 그런데 최근 들어 중국의 경제성장률이 낮아지고 수출이 부진함에 따라 무역수지 흑자가 줄어들고, 해외 투자 촉진 전략 및 위안화 추가 절하를 막기 위한 외환 당국의 달러 매각 등이 작용하여 자본 유출이 커지고 있다.

중국 중앙은행은 2015년 8월 중국의 외환보유액은 3조 5,600억 달러로 전달에 비해 939억 달러 줄었다고 발표하였는데, 최근 1년간 중국에서 자본 유출 규모가 5,000억 달러에 달했다고 분석되고 있다. 일각에서는 중국의 외환보유액 감소가 두드러지면서, 중국이 일대일로 계획들을 실행할 수 있을지에 대한 우려가 제기되고 있다.

그러나 중국은 아직도 외환보유고가 충분하고, 특히 국제통화기금(IMF) 특별인출권(SDR) 통화 바스켓에 위안화를 편입하기로 결정함으로써 위안화의 공급력이 증대될 수 있고, 일대일로 정책으로 '실크로드

경제 블록'이 구축되면 위안화의 유동성이 커지게 되어 위안화 부족 문제
는 심각하지 않을 것으로 예상된다.

　세상에는 공짜가 없다는 말처럼 중국은 투자한 대신에 대대적으로 상
품을 수출하고 압도적인 자본력으로 인프라 건설 시장을 장악하며 에너
지를 개발하여 수입해 갈 것이다. 특히, 인프라 투자비용 회수 및 수익성
확보를 위해 자원과 부동산 개발 투자를 병행할 것이다. 이때 중국은 자
국 기업과 인력 중심의 패키지형 진출을 추진할 것인데, 관련국들은 중국
이 신 실크로드 프로젝트 기회를 이용하여 실리를 챙기고 영향력을 확장
하려는 전략적 의도를 가진 것이 아닌가 의심할 수 있다.

　이러한 패키지형 진출 방식은 해당 국가 경제에 시너지 효과를 발생시
키지 못하면서 역으로 반발을 불러일으킬 가능성이 크다. 이러한 반발은
아프리카 등지에서 이미 나타나고 있는 현상이다. 중앙아시아 등 지역에
서 중국에 대한 반감 특히, 자원민족주의가 커질 소지가 있다. 극단적 아
랍 민족주의에 영향을 받아 세계적으로 테러가 빈발하고 있는데, 노동 문
제, 자원 문제 등이 얽혀 상황이 심각해질 수도 있다.

(2) 중국에 대한 의존도 심각 우려

　육상 실크로드의 주요 대상 국가들인 중앙아시아 국가들의 경우 중국
과의 교역 증대와 투자 확대는 자국의 경제 발전에 큰 도움이 될 것이라
는 시각이 우세한 가운데, 중국의 진출에 대해 기대와 더불어 걱정과 반
대의 뒤얽힌 시선을 보내고 있다. 중앙아시아 국가마다 정도의 차이는 있
지만 노동력 유입, 토지에 대한 분쟁, 상업 관계에서 나타나는 문제 등에
대한 부정적인 시각이 대두되고 있다고 한다. 이러한 점을 의식하여 키르
기스스탄과 타지키스탄 같은 나라는 국경을 맞대고 있고 경제적인 어려

움을 겪고 있기 때문에 중국과의 협력을 추진하는 외에 별다른 방법이 없겠지만, 중앙아시아 대국인 카자흐스탄과 우즈베키스탄은 중국의 일대일로 전략 협력에 신중한 자세를 취하고 있는 것으로 관찰된다.

카자흐스탄은 러시아와 정치·경제적으로 의존적 관계에 있는 관계로 자국의 경제 발전 전략과 중국과의 경제 협력을 추진할 때 러시아와의 관계를 우선순위로 고려해야 하는 입장에 있다. 구(舊)소련 연방 시기에 석유·천연가스 등의 에너지 공급 라인이 구축되었고, 카자흐스탄 인구 구성에 러시아인이 중요 구성비율(약 30%)을 차지하고 있으며, 러시아가 주도하고 있는 유라시아경제연합(EEU) 회원국이기 때문이다.

또한, 카자흐스탄의 전략적 주요 고려 대상 국가는 러시아·중국 외에 미국이 포함되며, 이는 지역적 수준과 세계적 수준에서 미국의 영향력을 감안해야 되기 때문이다. 카자흐스탄을 포함한 중앙아시아는 지정학적인 측면과 더불어 그리고 에너지 자원과 관련해 지경학적 게임이 벌어지는 강대국들의 각축장이며, 카자흐스탄 등 역내 국가들은 강대국들 간의 역학관계에 대해 예의 주시해야 하는 상황이다.

중국은 '일대일로 전략'과 관련해 카자흐스탄을 포함한 중앙아시아 국가들에 매우 적극적인 경제적·외교적 노력을 경주하고 있다. 이웃 국가들 중에서 카자흐스탄에서 처음으로 2013년 9월 시진핑 주석이 일대일로 전략 구상을 제의했으며, 2014년 10월 리커창 총리가 250억 달러에 달하는 생산설비 협력을 제의하였다. 중국의 일대일로 전략에 대해 카자흐스탄은 인프라 투자와 경제적 지원은 환영하면서도 정치적 영향력 확대와 중국인의 사회·경제적 유입에 대해서 경계하고 있다. 카자흐스탄은 공해 산업의 환경에 대한 영향, 설비를 운영할 수 있는 인력 자원 부족 문제 등으로 신중한 입장이며, 특히 공장설비 이전과 더불어 대규모 중국 인력의 유입을 우려하고 있다.

또한, 카자흐스탄은 중국과의 경제 협력을 진행하는 데 있어 미국과 중국 중심으로 진행되고 있는 세계 패권의 변화 추이를 감안해 신중하고 종합적으로 고려하고 있다. 미·중 간 경쟁은 현재진행형이며, 따라서 중국 또는 미국 어느 한 국가와의 일방적 협력 추진은 위험할 수 있다고 인식하고, 지역 수준과 글로벌 수준에서 미·중 관계 추이를 신중하게 전략적으로 판단해야 한다고 보고 있다. 한편, 카자흐스탄은 경제 협력과 관련해 중국과 같이 잠재적으로 위협이 될 수 있는 강대국보다는 선진국이면서 정치적으로 위협이 되지 않는 한국과 같은 국가와의 협력에 호의적이라고 한다.

중앙아시아를 둘러싸고 전개되고 있는 러시아·중국·미국 등 강대국들 간의 경쟁에서 우즈베키스탄은 중립을 유지하며, 군사 블럭에 가입하지 않고, 외국에 군사기지를 제공하지 않으며, 외교 관계도 양자 관계 중심의 동등한 관계 설정을 중심으로 추진한다는 원칙을 가지고 있다.

중앙아시아에서 최근 중국과 러시아가 전략적 협력을 강화하고 있지만 중앙아시아 영향력 확보와 관련해서는 상호 경쟁하는 관계에 있다. 또한, 미국도 중앙아시아 지역 영향력 확대를 위해 지속적인 외교적 노력을 경주하고 있다. 지정학적으로 우즈베키스탄은 중국·러시아와 직접적으로 국경을 접하지 않은 관계로 두 강대국으로부터의 직접적인 안보 위협에 노출되어 있지 않기 때문에 이러한 지정학적 이점을 바탕으로 개방적이고 균형적인 경제 협력을 추구할 수 있다.

한편, 우즈베키스탄은 중국의 일대일로 전략을 경제적, 정치적 목적을 동시에 가지고 있는 전략으로 평가하면서도 중국과의 경제적 협력에 대해 긍정적인 입장을 가지고 있다. 특히, 아시아인프라투자은행(AIIB) 설립에 대해서 기본적으로 중국이 자국의 이익을 추구하는 방편으로 파악하고 있으나, 우즈베키스탄의 교통 인프라 건설에 유리한 수단으로 기능하기를 기대하고 있다.

3. 국가 간 제도 및 규정 차이

일대일로 전략의 핵심 대상인 중앙아시아 국가들은 중국의 인프라 건설 투자는 환영하는 입장이지만, 중국과 중앙아시아 간 국경 통관과 통상 등의 편의성 제고를 위한 제도적 협력에는 정치적 고려로 신중한 입장이며, 중국 산업 시설의 중앙아시아 이전, 협력적 경제 지대 구축 등의 문제에 있어서 중앙아시아 국가들의 국내적 관행 등의 문제가 중국의 '일대일로 전략' 추진의 난관으로 작용할 것이라는 예상도 있다.

또한, 일대일로 정책은 많은 국가들을 대상으로 하고 있고, 국가마다 제도나 규정이 다르기 때문에 이를 통일하고 규격화해야만 효율성을 높이고 성공을 담보할 수 있다. 특히, 광궤, 표준궤 등 나라마다 철도 궤도 규격이 달라 중국에서 유럽에 오기까지 카자흐스탄과 벨라루스·프랑스 등에서 바퀴를 교체해야 한다.

이러한 측면을 감안하여 중국은 인프라 표준화 작업에 박차를 가하고 있다. 물론 자국이 시행하고 있는 제도를 도입하는 데 우선을 두고 있다. 중국은 모스크바와 카잔을 잇는 고속철 사업에 들어갈 자금 지원을 해 주기로 하였는데, 이 프로젝트는 중국 표준이 적용되는 고속철이 될 것이라는 전망이 있다. 양국은 모스크바-카잔 고속철 노선을 베이징까지 연장하는 방안도 검토 중이다.

중국은 현재 이란·미국·베네수엘라 등 30여 개 고속철 사업을 추진하고 있는데, 말레이시아와 싱가포르를 잇는 고속철 사업을 비롯해 태국과 인도가 추진 중인 고속철 사업에도 중국 표준에 따른 고속철 수출을 추진한다는 계획이다.

중국 정부는 자국 기술의 국제표준화를 촉진하기 위해 2015년 3월 〈표준화 업무 개혁 심화 방안〉을 내놓았다. 국가표준화위원회 주임은 "1988년 중국 표준화 법이 제정된 이후 새로운 이정표이다."라는 평가를 하였는데, 일대일로 전략을 추진하면서 자국 기술의 국제표준화 작업을 가속화해 나갈 것으로 보인다.

중국 국내외를 연결하는 일대일로 프로젝트에서 통관제도 개혁은 효율적인 교류를 위한 전제이다. 중국은 먼저 국내에서 기존의 비효율적인 통관 절차를 개선하여 일대일로를 통관 일체화를 제도를 마련하고 있다. 실크로드 경제 벨트는 해상, 항공, 철로, 육로 운송이 모두 이루어지는 구역으로, 실크로드 경제 벨트의 해관이 통관 절차를 통일하면 중국의 대중앙아시아 물류 활성화에 긍정적 역할을 할 것으로 기대되나, 연선 국가들의 협조 여부가 관건이다.

4. 지역상의 위험 상존

정치·안보적으로 중앙아시아, 동·서남아시아, 중동 등은 불안정 요인이 잠재한 지역에 해당되므로 일대일로 프로젝트 추진에는 안보 비용이 수반될 것이다. 특히, 육상 실크로드 벨트의 중심지인 중앙아시아는 종교, 밀입국, 수자원 안전, 테러리즘, 민족 분리주의와 같은 문제들이 얽혀 있다. 중앙아시아 지역에서 테러리즘, 분리주의, 극단주의를 배격하고 중국 경내로의 테러리즘 유입을 방지하기 위해 중국 주도로 설립된 상하이 협력기구(SCO : Shanghai Cooperation Organization)가 일정한 역할을 해 온 것으로 평가되지만, 일부로부터 이는 자국 내에서 정권에 반대하는 세력을 무력화하려는 중앙아시아 권위주의 정권의 이해관계와 일치하는 것이라는 비난도 제기되어 오는 등 한계성도 상존한다.

중앙아시아 국가들은 경제적으로 자립할 수 있는 기반이 부족하기 때문에 다른 국가와의 협력을 통해 경제 발전을 추구할 수밖에 없는데, 지나치게 공격적인 중국의 진출과 인구 유입은 부작용을 낳게 될 것이다. 권위주의적인 체제의 지도자들이 자신들의 이익을 위해 중국과 밀착하여 일대일로 프로젝트를 추진함으로써 발생하는 지나친 중국 의존과 사회적 부작용을 무시하고 있다는 여론이 커질 수 있다. 이렇게 되면 역내에 반중국인 분위기가 커지게 되고, 민족주의를 자극하여 테러리즘을 키우게 된다. 전문가들은 신장 지역의 분리 독립 세력인 동투르크스탄과 연관이 깊은 중앙아시아의 테러리즘 세력이 일대일로 프로젝트가 진행되면서 중국 경내로 유입될 가능성도 있다고 보고 있다.

중국이 중앙아시아에서 경제적 세력을 확장해 나가는 과정에서 중앙아시아 국가들과의 긴장 관계도 고조되고 있는데, 특히 노동시장 분야에서 그러하다. 중앙아시아 국가들의 인프라 건설 사업을 시행하면서 중국 근로자들을 데려와 쓰고 있다. 중국이 국가 차원에서 해외 이주를 장려하고, 중국인들의 중앙아시아로의 이주 및 정착이 정치적 영향을 주게 될 것이라는 점이 우려를 낳고 있다고 한다.

중국 노동자의 유입이 가장 심각한 국가는 키르기스스탄과 타지키스탄이다. 인구 800만 명 정도의 타지키스탄에는 현재 5만여 명의 중국인이 거주하는 것으로 추산된다고 한다. 중국 노동자들의 급격한 유입은 중앙아시아 지역 사회와 갈등을 초래하고, 또한 중국의 중소 상인들이 꾸준히 유입되어 지역 상인들과 마찰을 빚기도 한다. 이에 따라 키르기스스탄과 타지키스탄에서는 중국 노동자들이나 중국 기업인들에 대한 사건·사고가 종종 발생하기도 한다.

우즈베키스탄과 투르크메니스탄, 카자흐스탄은 반중국 정서로 인한 폭력 사태를 사전에 예방하는 조치들을 적극적으로 취하고 있어 상대적으로 나은 상황이다. 우즈베키스탄 같은 경우는 이러한 부작용을 피하고자 중국의 투자는 환영하면서도 엄격한 비자 제도를 유지하고 있다고 한다.

5. 지역 갈등 및 강대국 간 경쟁

(1) 남중국해 문제

해상 실크로드는 일본과 댜오위다오(釣魚島) 영토 분쟁을 겪고 있는 동중국해와 아세안 국가들과 분쟁으로 바람잘 날 없는 남중국해를 지나간다. 그런데 일본·베트남·필리핀 등 주변국과의 영토 분쟁은 해결 기미가 보이지 않는다. 최근에는 중국이 남사군도 무인도에 등대를 설치하고 인공 섬을 조성하여 영유권을 강화하려 하고 있다.

중국 측은 등대 건설로 남중국해를 지나는 선박에 항로 안내와 안전 정보, 긴급 구조 등을 제공할 수 있게 되어 항해 여건이 크게 개선될 것이라고 밝히고 있으나, 베트남·필리핀 등 주변국들의 반발이 격화되고, 미국은 항해 자유를 들어 이의를 제기하고 있다. 특히, 오바마 대통령은 2015년 11월 필리핀에서 개최된 APEC 정상회의 기간에 남중국해 인공 섬 건설을 위한 추가 매립과 군사 시설화의 중단을 촉구했고, 이어서 말레이시아 쿠알라룸푸르에서 열린 동아시아 정상회의 기간에도 남중국해에서 인공 섬 건설과 군사 시설화의 중단을 또다시 촉구하였다. 한편으로 미국은 중국이 건설 중인 인공 섬 12해리 이내로 군함을 진입시켜 남중국해에서 '항행(航行)의 자유'를 지켜내겠다는 의지를 보이고 있다.

중국은 2006년 '대양해군'을 선언하고, 2010년 〈중국 해양 발전 보고〉에서 해양 파워의 구축은 21세기 중국의 역사적 책무이며, 향후 10년은 이 임무를 실현하는 역사적 단계가 될 것이라고 천명했다. 이어서 2012년 9월 첫 항공모함 '바랴크호'를 취역시켰다. 6만 7,000톤급의 '바랴크호'는 작전 반경이 1,000km에 달하며, 동중국해, 남중국해 등 지역을 누비고 있다. 중국은 2020년까지 최대 5척의 항공모함을 포함해 400척의 함정을 보유할 것이라는 보도가 잇따른다.

남중국해가 미중 패권의 향방을 가늠할 지정학적 요충지로 주목받고 있다. 중국의 '대양해군' 전략과 미국의 대(對)중국 포위 전략이 남중국해 해역에서 맞부딪치고 있기 때문이다. 중국이 해상 실크로드 성공 여부는 남중국해에서 결판날 것이라는 관측이 커지고 있다.

(2) 강대국 간 경쟁

중국은 지정학적 관점으로 일대일로를 규정하는 것을 피하고자 하지만, 전문가들은 본질적으로는 지정학적 의미를 가질 수밖에 없다고 보고 있다. 일대일로는 미국의 아시아 재균형 정책에 대한 우회적 대응이라 할 수 있고, 장기적으로 국제 질서의 변동을 야기할 수 있는 사안이다. 미국 등의 견제에도 불구하고 중국의 대규모 투자와 저렴한 중국 상품의 수출 증가로 아시아 지역과 중국과의 경제 일체화가 가속화되고, 고속철도와 고속도로 건설 등 중국과 아시아 지역을 연결하는 물류 시스템이 개선됨에 따라 중국 제품의 대아시아 지역 진출이 확대되고 아시아 지역에서 중국의 영향력이 확대될 것이다.

인프라 개발 수요가 많은 아시아 아프리카 국가들은 이러한 구상을 환영하는 분위기지만 미국·일본·인도를 비롯한 여러 나라들은 일대일로를 모두의 합주가 아닌 중국의 독주라는 시선으로 바라보며 경계하고 있다. 미국과 일본은 환태평양경제동반자협정(TPP) 타결을 업고 동남아시아 지역에서 중국의 독주를 견제하려는 움직임을 강화할 것으로 전망된다.

그리고 지금은 중국과 러시아가 합창을 강조하고 있지만, 중장기적으로는 중앙아시아에서 일대일로 프로젝트를 통해 영향력을 행사하려는 중국과 유라시아경제연합(EEU)을 통해 구소련 국가들을 경제적으로 통합하려는 러시아의 이해 충돌이 발생할 가능성이 있다. 러시아가 추진 중인 유라시아경제연합(EEU) 정책과 중국이 추진하는 일대일로 정책은 상호 대상 지역과 정책 목표가 중첩되는데, 중앙아시아 지역에서 자원과 시장을 둘러싼 중국과 러시아 간 지정학적 경쟁이 심화될 수 있다.

한편, 중국이 구상하는 해상 실크로드 전략은 남중국해뿐만 아니라 인도양에서도 주요국의 우려에 직면하고 있다. 스리랑카의 함반토타, 파키스탄의 과다르, 방글라데시의 치타공, 미얀마의 시트웨, 탄자니아의 바가모요 항 등이 현재 중국의 자금과 기술로 개발되고 있다. 중국이 이 항구들을 개발하여 목걸이 형태로 연결하는 이른바 '진주 목걸이 전략'을 추진하여 대양 해군으로 도약하겠다는 야심을 구체화시키고 있다고 경계심을 거두지 않고 있으며, 진주 목걸이가 안전 수송로 확보 목적 이외에 인도양과 태평양상의 중국 해군 기지가 될 수 있다고 우려를 표시하고 있다.

특히, 인도는 심각하게 보고 있으며, 최근에 이러한 우려가 인도-몰디브 간에 '서한 외교'를 낳았다. 인도는 몰디브 의회에서 외국인이 몰디브에 10억 달러를 투자하고 전체 토지의 70%를 바다에서 매립할 경우 토지 소유권을 주도록 규정한 법이 통과된 데 대해 이 법이 중국이 몰디브에 군사 시설을 설치하는 길을 터주지 않을까 우려를 표명했다. 이와 관련하여 몰디브의 압둘라 야민 대통령은 모디 인도 총리에게 "몰디브는 앞으로도 군사 시설 설치와 활동이 금지되는 '비무장지대'로 남을 것"이라는 서한을 보냈다.

인도양의 해상 교통로를 장악하려는 중국의 소위 '진주 목걸이' 전략은 일본의 '다이아몬드' 구상과 맞부딪치는 형국이다. 아베 총리는 2012년 12월 취임 직후 기고를 통해 중국의 해양 진출을 견제하고 인도양에서부터 태평양 서안까지 자유로운 해상 교통로를 확보하기 위해 일본과 하와이(미국)·호주·인도가 연계해 중국을 에워싸는 다이아몬드 대열을 갖출 것을 제안했다. 2014년 9월 초 모디 총리의 일본 방문 직후 아베 총리는 방글라데시와 스리랑카를, 시진핑 주석은 인도와 스리랑카를 각각 방문하였으며, 두 정상은 이들 국가들을 자기 세력으로 끌어들이기 위해 대규모 경제 원조 등 당근을 제시하였다.

제9장

유라시아 이니셔티브 구상

제9장

유라시아 이니셔티브 구상

---

1. 유라시아 이니셔티브 의미

박근혜 대통령은 2013년 10월 서울에서 열린 유라시아 국제컨퍼런스 기조연설에서 유라시아 이니셔티브(Eurasia Initiative)를 공식적으로 주창했다. 유라시아 이니셔티브의 핵심은 유라시아 역내 교통·물류·에너지 등을 연계하는 것이다. 이를 위해 한반도와 러시아 등을 거쳐 유럽으로 연결되는 '실크로드 익스프레스(SRX, Silk Road Express)' 사업을 제시했다. 실크로드 익스프레스 사업은 한반도 종단철도(TKR, Trans-Korea Railway)를 시베리아 횡단철도(TSR, Transsibirskaya Zheleznodorozhnaya Magistral) 및 중국 횡단철도(TCR, Trans China Railway)와 연결해 유럽과 아시아를 포괄하는 운송로를 구축하는 계획이다.

구체적으로는 유라시아 이니셔티브는 유라시아 전역을 연계하는 교통물류·에너지 인프라 구축을 핵심으로, 무역 및 투자 활성화를 위한 지역 통합을 추진하고, 유라시아 대륙 차원에서 창조경제를 하드웨어 및 소프

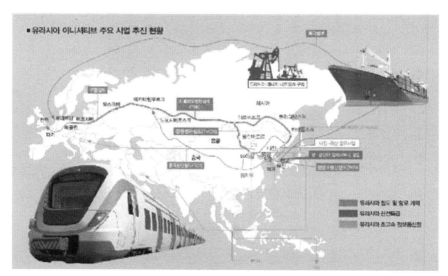

유라시아 이니셔티브 구상 (출처 : 외교부 홈페이지)

트웨어 측면에서 구현함으로써 새로운 발전 동력을 확보하며, 유라시아 국가 간 소통과 개방을 통해 평화롭게 교류하며 함께 번영하는 새로운 유라시아 건설이 목표이다. 특히, 중앙아시아, 러시아 등 국가들과 자원과 기술을 결합한 새로운 형태의 경협 등을 통해 경제 활성화 및 고용 창출 기반을 확대해 나가고자 한다.

한국의 유라시아 구상은 중국 횡단철도, 시베리아 종단철도, 몽골 횡단철도를 상호 연결하고 유럽까지 연결한다는 구상을 담고 있다. 남북한 내 단절된 철도 및 고속도로 구간을 연결하여 외부의 철도와 접목시키다는 내용도 포함되어 있다.

2. 유라시아 이니셔티브 목표

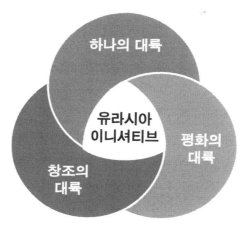

유라시아 이니셔티브 '3대륙' 모형 (출처 : 외교부 홈페이지)

유라시아 이니셔티브는 유라시아 지역의 지속 가능한 번영과 평화를 이룩하고자 한 협력 구상으로서 유라시아의 미래를 위해 역내 국가들과 함께 '하나의 대륙', '창조의 대륙', '평화의 대륙'을 만들어 나가자는 것이다. 유라시아 대륙의 단절과 고립, 긴장과 분쟁을 극복하고 소통과 개방을 통해 평화롭게 교류하고 공동 번영하는 새로운 유라시아를 건설하고자 한다.

여기에서 '하나의 대륙'이 의미하는 것은 교통·통신·물류 그리고 에너지 네트워크를 강화하여 유라시아 대륙의 연결성을 확보하자는 것이다. 이를 통해 유라시아 국가들 간의 상호 교류 및 발전을 도모하고, 동시에 유라시아 대륙 경제권을 중심으로 주변 지역과의 협력을 활성화함으로써, 중장기적으로 유라시아를 전 세계 무역과 산업의 허브로 발전시켜 나가자는 제안이다.

다음으로 유라시아를 '창조의 대륙'으로 만들자고 하는 제안은 유라시아 대륙 국가들에 잠재되어 있는 21세기 기술 혁신 능력과 신성장 동력 창출 가능성에 주목한 것이다. 중국 등을 포함하는 동아시아 국가들뿐만 아니라 새로운 경제 성장 동력으로 떠오르고 있는 동남아시아·서남아시아, 그리고 중앙아시아 국가들의 잠재력을 통합을 통한 시너지 효과 창출로 극대화하자는 것이다. 이를 위해서 유라시아 국가들의 상호 연결성을 수월하게 하고, 이를 바탕으로 인적·문화적 교류의 확대화를 촉진해 나간다.

마지막으로 '평화의 대륙'은 유라시아 대륙의 통합을 통한 잠재력 극대화를 하기 위한 필수 조건은 안보 환경의 안정화와 협력적 국제관계 형성이 바탕이 되어야 한다는 것을 의미한다. 특히 동아시아와 한반도 안보 환경이 평화롭게 정착되는 것이 필수적 조건이며, 이를 위해 한국은 '한반도 신뢰 프로세스'와 '동북아시아 평화 협력 구상'을 추진하고 있다. 특히 한국은 동아시아의 역동적인 생산 네트워크의 한 축을 담당하고 있으면서도 남북 분단과 북한의 고립 정책 고수라고 하는 정치적 이유로 '고립된 섬'에 머물러 있다. 유라시아 이니셔티브는 이러한 현실을 극복하고 남북한 간 신뢰 구축을 바탕으로 경제 협력을 도모하고 유라시아 경제권에 남북한이 동반해 진출한다는 비전을 가지고 있다.

참고로 한반도 신뢰 프로세스는 튼튼한 안보를 바탕으로 남북 간 신뢰를 성하여 남북 관계를 발전시키고 한반도에 평화를 정착시키며, 나아가 통일 기반을 구축하려는 정책이며, 동북아시아 평화 협력 구상은 동북아시아 국가들이 비전통 연성 안보 의제부터 대화와 협력의 관행을 쌓아 신뢰를 축적하고, 점차 협력의 범위를 넓혀가는 동북아 다자 대화 프로세스이다.

유라시아 이니셔티브 추진 배경

1. 유라시아 협력체 부재

유라시아는 전 세계 면적의 40%, 전 세계 인구의 70%를 차지하고 있으며, 유럽연합(EU)·중국·러시아·인도 등과 같은 세계 10대 경제 대국 대부분이 존재하는 공간이다. 세계 경기 침체 속에서도 역내 선진 국가들은 첨단 환경기술과 과학기술을 바탕으로 새로운 역동성을 창출하고 있으며, 북극해와 북극 지역이 해상 통로로 부상하면서 개발 잠재력이 주목받고 있다. 그런데 유라시아 내 협력과 연계의 중요성이 확대되고 있음에도 냉전 등에 따른 고립과 단절의 여파로 유라시아 대륙 전반을 아우르는 협력체가 부재하다.

2. 유라시아 잠재력 발현 곤란

한반도의 분단은 유라시아 교류·협력에 끊어진 연결고리로 남아 있고, 대양으로 진출이 제한된 일부 내륙국들은 대외 교역과 투자 유치에 어려움을 겪고 있다. 유럽 경제에 의존해 온 일부 유라시아 지역은 유로존 위기에 따라 새로운 도전에 직면해 있다. 이로 인해 유라시아는 다양한 분야에서 시너지를 창출할 수 있는 풍부한 잠재력을 가지고 있음에도 불구하고 잠재력을 발현하는데 어려움이 있다.

유라시아 이니셔티브는 유라시아 각 국가 및 지역의 특성과 장점을 창조적으로 활용하여 상생과 협력의 기반을 마련하고, 글로벌 사회의 지속 가능한 평화와 번영을 증진해 나가자는 것이 주된 내용이 핵심이다. 유라시아 국가 간 경제 협력을 통해 경제 활성화 및 일자리 창출의 기반을 만든다는 구상이며, 유럽과 아시아가 포함된 유라시아 국가와의 긴밀한 협력을 통해 북한의 개방을 유도함으로써 한반도 긴장을 완화하고 통일을 위한 기반을 구축하기 위해 제기한 것이다.

3. 한국의 지정학적 위치 및 창의성 활용

유라시아 대륙을 소통과 개방, 창조와 융합의 공간으로 발전시키기 위해서는 유라시아의 동쪽 관문인 한국이 지정학적 위치를 활용하여 유라시아 협력을 가속화하는 촉진자 역할을 수행하는 것이 필요하다. 현재 유라시아 전역으로 국경을 초월해 구축되고 있는 복합 교통·물류 네트워크가 한반도로 연결되면 운송비 절감과 에너지·광물 자원, 농산물 등의 보다 효율적인 이용과 거대한 단일 시장 구축이 더욱 앞당겨질 것이다.

창의성을 기반으로 과학기술과 ICT를 접목하고, 융·복합을 활성화하는 한국의 창조경제와 유라시아 주요 국가들의 혁신 노력이 모아질 때 새로운 시장과 양질의 일자리 창출 등 더 큰 부가가치가 만들어질 수 있다.

4. 북한의 개방 유도

평화와 안보에 대한 위협은 유라시아 공동 번영을 가로막는 가장 큰 장벽이며, 새로운 유라시아 시대를 열기 위해서는 신뢰와 협력을 증진하여 북한의 개방을 유도하고 한반도의 긴장을 완화하여 통일의 기반을 구축해야 한다. 이러한 노력은 유라시아 대륙의 대표적인 저개발 지역인 북한 등에 대한 개발 협력을 활성화하여 재원과 기술, 인력의 새로운 시너지 효과를 창출해 유라시아는 물론 세계 경제와 평화의 새로운 원동력이 될 것이다. 나아가 남북한 간 신뢰 및 한반도 통일기반 구축, 그리고 동북아 평화협력 구상에 대한 유라시아 국가들의 적극적 공감과 지지를 통해 북한의 개방을 유도하고, 유라시아라는 보다 확대된 틀 속에서 북한의 변화를 유도, 동북아 갈등 구조 완화를 모색하고 있다.

제3절   유라시아 이니셔티브 주요 프로젝트

1. 실크로드 익스프레스 구축

21세기 유라시아 시대를 열기 위해서는 남북한 간의 경제적 협력이 필수적으로 요구된다. 한국의 유라시아 이니셔티브 추진의 시발점은 남북을 종단하는 TKR(한반도 종단철도)와 도로의 개통을 통한 대륙 직접 접근성의 확보이다. 한국은 유라시아 이니셔티브를 구체화하기 위한 실행 단계로서 실크로드 익스프레스(SRX) 구축을 추진하고 있다. 실크로드 익스프레스(SRX)는 부산에서 출발해 한반도를 종단하고, TSR(시베리아 횡단철도), TCR(중국 횡단철도)를 두 축으로 유라시아 대륙을 관통해 유럽까지 연결되는 노선이다.

2. 동북아개발은행

동북아개발은행 설립 구상은 1990년대 초반에 거론된 이후 민간단체, 국회 등을 중심으로 논의가 계속되어 왔다. 2014년 3월 박근혜 대통령은 독일 드레스덴에서 북한이 핵을 포기한다면 6자 회담 당사국 및 국제 금융기관의 공동 출자로 동북아개발은행을 설립해 북한과 그 주변 지역의 경제 개발을 추진하겠는 구상을 발표하였다.

ADB, IBRD 등에도 불구하고 동북아개발은행 설립이 필요하다는 주장의 근거는 ADB, IBRD 등을 통한 조달금액만으로는 동북아 지역 인프라 구축에 필요한 재원 확보가 쉽지 않을 것이라는데 기인한다. 또한, 일대일로의 재원인 아시아인프라투자은행(AIIB) 이외에도 동북아 지역 개발에 필요한 재원은 '동북아개발은행'을 설립을 통해 자금 리스크 분산이 가능하다는 논리이다.

3. 북극 개발

최근 글로벌 공업화로 인해 온실가스 배출량이 급증하고 있으며, 특히 세계 평균기온이 지속적으로 높아짐에 따라 매년 여름철 북극 지역 해빙 면적이 급격히 증가하고 있다. 이에 따라 각국의 북극 항로에 대한 관심이 높아지고 있으며, 북극 항로의 상업적 가치는 점점 높아지고 있다.

2012년 북극 항로를 운항한 화물선은 46척, 화물량은 126만 톤으로 전년 대비 35%의 성장을 기록했고, 2013년 북극 항로를 이용한 선박은 71척으로 증가했다. 2014년 기준으로 북극 항로의 통항 시간은 7월 중순부터 12월 상순까지 약 5개월 정도로 경제적 운항이 가능하게 되었으며, 2020년에는 6개월, 2030년경에는 연중 일반 항해가 가능할 것으로 예상되고 있다.

1. 유라시아 이니셔티브에 대한 지지 및 공감대 확산

한국 정부는 박근혜 대통령의 유라시아 컨퍼런스 기조연설 (2013.10, 서울), ASEM 정상회의 선도발언(2014.10, 밀라노), 세계정책회의 기조연설(2014.12, 서울), 베세그라드 협의체와 정상회의 개최(2015.12, 프라하) 등을 통해 유라시아 이니셔티브 정책에 대한 국제사회의 지지와 이해를 제고하였다.

또한, 박근혜 대통령의 중앙아시아 3개국 순방, 한-중, 한-러 정상회담, 동유럽 순방과 같은 정상외교를 통해 유라시아 이니셔티브를 실현시키기 위한 추진 동력을 확보하고 있다. 한국 정부는 유라시아 친선 특급, 복합 교통 물류 네트워크 국제 심포지엄, 한-중앙아시아 협력 사무국 설립 등 실질 협력 사업을 추진하면서 국제사회의 협력과 지지 기반 확대를 위해 계속 노력해 나가고 있다.

2. 유라시아 친선 특급 사업 추진

유라시아 친선 특급 사업은 실크로드 익스프레스 실현을 위한 시범사업이다. 소통·협력의 열차, 미래·창조의 열차, 평화·화합의 열차라는 3가지 주제를 통해 유라시아 이니셔티브를 실현하는데 기여한다. 2015년 7월 14일에서 8월 2일까지 일반 국민을 포함해 정부, 국회, 경제, 학계, 언론, 사회, 문화 등 각계각층 인사들이 참여한 가운데 아시아와 유럽을 잇는 물류 동맥인 시베리아 횡단철도, 중국 횡단철도, 몽골 횡단철도를 거치는 총 14,400km의 대장정이 이루어졌다. 유라시아 대륙 5개국 10개 도시에서 세미나, 지역 설명회, K-Pop 공연 등 다양한 행사를 통해 함께 소통하고 교류하며 우의를 다졌으며, 한반도 종단철도가 연결되면 한국에서 유럽까지 열차로 이어질 수 있음을 보여주었다.

3. 한반도 종단철도 연결

한반도 종단철도와 유라시아 철도를 연결하기 위해 우리 측 미연결 구간인 경원선 남측 구간 건설을 추진 중에 있다. 또한, 유라시아 철도 연결을 위해 카자흐스탄·러시아·중국과 철도 협력 회의를 개최하는 등 유라시아 국가 간 공감대 형성 및 유라시아 철도 연결 방안을 논의하고 있다.

유라시아 복합 교통 물류 네트워크 국제 심포지엄이 2015년 9월 9일~11일간 서울에서 개최되어 ASEM 교통물류장관 등 국제기구, 각국 정부 대표, 국내외 유라시아 교통·물류 전문가 등이 대거 참석하였다. 박근혜 대통령은 개막식에 참석하여 유라시아 지역이 이제는 변화된 국제정치 환경과 첨단 교통 물류 기술의 발전에 힘입어 새로운 기회의 땅으로 변하고 있다고 하면서, 유라시아 내 교통물류 네트워크 연계 강화를 위해 국가 간 협력을 강화하고 교통 물류 분야의 제도적 장벽 극복을 위해 공동으로 노력하자고 제안했다.

4. 북극 항로 개발

북극 항로 지속 활용을 위해 북극 항로 상업 운항 추진, 극지 운항 인력 양성, 북극 이사회 활동 강화, 노르딕 등 북극해 연안국과의 네트워크 구축 등 국내외 지원·협력을 확대해 나가고 있다. 북극 외교장관회의가 2015년 8월 30일에서 31일간 앵커리지에서 개최되었으며, 한국 외교장관이 참석하여 노르웨이에 설치된 다산과학기지(스발바르군도 소재) 및 극지연구협력센터(트롬소 소재) 운용, 아라온호를 통한 북극해 연구 활동, 노르딕 국가들과의 북극 정책 협의회 개최 및 2013년 북극 이사회 옵서버 가입 이후 한국의 다양한 활동에 대해 상세히 설명하면서 향후 지속적인 기여 의지를 강조하였다.

5. 중앙아시아, 노르딕, V4와의 협력 확대

한국 정부는 2007년부터 연례 개최해 온 한-중앙아시아 협력 포럼의 제도화 및 한국과 중앙아시아 5개국 간 포괄적 협력 확대를 위해 '한-중앙아시아 협력 사무국' 설립을 추진하고 있다. 2014년 4월에 열린 제8차 '한-중앙아시아 협력 포럼'에서 한-중앙아시아 5개국 간 협력 사무국에 대한 협의를 시작한다는 결과 문서를 채택한 후, 정상회담 등을 통해 사무국 설립에 대한 의사를 확인하였다.

2015년 6월 사무국 설립을 위한 추진위원회를 발족했으며, 2015년 10월 5일에서 6일까지 한국에서 제9차 '한-중앙아시아 협력 포럼' 및 중앙아시아 무역 투자 로드쇼가 개최되었다. 11월 9일에서 13일까지 투르크메니스탄에서 제5차 한-중앙아시아 카라반 행사가 개최되었다. 2016년 개최될 제10차 '한-중앙아시아 협력 포럼'은 장관급으로 격상될 예정이며, 이 포럼 계기에 '한-중앙아시아 협력 사무국'이 출범될 예정이다.

2014년 이후 노르딕, V4(비세그라드 4개국) 등 역내 지역 협의체와 다양한 협의를 통해 유럽 주요 국가들과의 네트워크를 강화해 나가고 있다.

한-노르딕 협의에는 노르웨이·덴마크·스웨덴·아이슬란드·핀란드가 참여하며, 북극·기후 변화 등 글로벌 이슈, 한반도 및 동북아시아 문제 등을 협의하고 있다.

V4는 체제 전환국들인 슬로바키아, 체코, 폴란드, 헝가리로 구성되어 있으며, 이러한 체제 전환 경험 공유는 한반도 평화통일에도 기여할 것으로 기대된다. 2015년 12월 체코 프라하에서 개최된 한국과 비세그라드 그룹 정상회의에서 오는 2020년까지 50조 원 규모로 지하철, 고속도로, ITS(지능형 교통 시스템), 원전을 포함한 에너지 분야 등에서 비세그라드 국가들이 추진하는 대형 국책 인프라 사업에 한국 기업들이 참여할 수 있도록 하는데 공감대를 이끌어냈다.

6. 두만강 유역 개발

남·북·러 3각 협력의 시범사업으로 나진-하산 물류 사업을 추진하고 있다. 2013년 11월 한·러 정상회담에서 양국 기업 간 나진-하산 물류 사업을 장려하기로 하였으며, 우리 기업과 러시아 철도공사 간에 협력 MOU를 체결하였다. 2014년 이후 2차례 나진-하산 구간 및 나진 항을 방문해 현지 실사를 실시했으며, 석탄 운송 시범사업을 총 2회 성공적으로 수행하였다.

한국 정부는 광역 두만강 개발계획(GTI : Greater Tumen Initiative)의 2015년 의장국으로서 GTI를 유라시아의 경제 협력을 선도하고 활성화하는 국제기구로 전환하기 위한 노력을 전개하고 있다. GTI는 동북아 지역 개발 및 경제 협력 증진을 목적으로 한국·중국·러시아·몽골 4개국이 참여하는 정부 간 협의체이다.

유라시아 이니셔티브 중간 점검 및 성과 제고 방안

1. 유라시아 이니셔티브 중간 점검

고래로부터 한국의 활동 영역은 대륙이었으나 남북 분단으로 그 영역은 줄어들고 대륙의 섬으로 고착화되었는데, 유라시아 이니셔티브는 한국의 활동 영역을 유라시아 대륙으로 확대시키는 데 큰 의미가 있다. 그런데 한국이 견고한 한미 동맹 체제를 유지해 오고 있는 상태에서 체제와 이념 측면에서 다른 길을 걸어온 유라시아 국가들과 공동체의 일원이 될 수 있도록 실천적 대안이 마련되어야 한다. 대륙 국가에 대한 다차원적 고려와 배려가 없이 새로운 시장 및 에너지·자원 확보에만 치중한다면 성공할 수 없을 것이다.

러시아·중앙아시아·중국·인도·몽골 등 유라시아의 주요국들과 긴밀한 논의를 하고, 특히 한반도와 접경하고 있으며 일대일로를 제안한 중국과의 정책적 조율에도 관심을 기울여 나가야 한다. 아울러 대륙으로의 접근을 가로막는 핵심적 요소로서 분단이라는 현실적 제약을 돌파하기 위한 구체적인 방법론과 협력의 교착 상태에 빠진 북한과의 관계를 정상화하기 위한 실천적 대안이 마련되어야 한다. 특히, 정책의 구체성을 마련해 나가고, 실현 가능성을 높여 나가야 한다.

2. 유라시아 이니셔티브의 성과 제고 방안 마련

미국 등 해양 세력에게는 유라시아 이니셔티브가 균형 외교를 넘어 대류 중심의 외교 전략으로의 수정이 아니냐는 인식이 제기되고 있다. 그러나 현재의 유라시아는 과거와 상황이 다르고, 경제적 중요성이 더욱 부각되고 있으며, 중국·러시아·미국 등이 일대일로 정책, 신동방 정책, 신실크로드 이니셔티브와 같은 전략을 제시하고 있음을 볼 때 우리나라가 유라시아 이니셔티브를 제안한 것은 시의적절하고 국익에 합당한 조치로 여겨진다.

유라시아 이니셔티브가 잃어버린 유라시아 대륙의 DNA를 복원하고, 해양적 우위를 활용한 지경학적 접근법이며, 분단 이후 최초로 유라시아가 한국 외교의 장으로 들어온 것으로서 견고한 해양 세력에 의존하던 한국이 유라시아 대륙 국가를 향해 있는 구상으로서 그 의미도 크다. 문제는 어떻게 유라시아 이니셔티브에 대한 국민들의 관심을 환기시키고 관련 국가들의 협력을 이끌어내느냐에 달려 있다.

무엇보다도 유라시아 이니셔티브 구상의 성공을 위해서는 면밀한 전략을 마련하고, 실천해 나가는 시스템을 구축하며, 여기에 정책적 중요성을 부여하면서 국민적 역량을 몰아가야 한다. 구호에만 그쳐서는 성과를 낼 수 없고, 전략적으로 추진하여야만 효과가 날 것이다.

1. 일대일로 전략과 유라시아 이니셔티브 공통점

두 구상 모두 양국 신정부 출범 첫해인 2013년에 양국 국가 정상에 의해 제시되었으며, 정상 차원에서 추진되고 있다. 일대일로 구상은 기존의 서부 대개발 등 대내 개발 전략과 대외 진출 전략을 통합하여 개념화할 수 있는 큰 틀로써 제시된 개념이다. 정치·안보 분야의 '신안보관'과 함께 시진핑 시대를 특징지을 수 있는 전략적, 정책적 화두로 제시되었다.

이에 따라 지도자들의 거의 모든 해외 순방 시에 일대일로 구상이 언급되고 있으며, 거의 모든 대외 협력 사업을 일대일로라는 틀 안에서 설명하려는 경향이 있다. 각 부서가 자신들의 대외 사업을 일대일로 구상과 연결하고 있으며, 지방에서도 지역 발전을 일대일로 구상과 관련지으려 한다.

유라시아 이니셔티브의 경우에도 박근혜 대통령이 2013년 10월 유라시아 컨퍼런스 계기에 발표하여 국제사회 각계 인사들의 공감대를 형성하고, 해외 순방 정상외교를 통해 동 이니셔티브를 구현하고 구체화해 나가고 있다. 한반도 신뢰 프로세스, 동북아시아 평화 협력 구상 등과 함께 정상의 주도하에 추진되는 현 정부의 대표적인 전략적, 정책적 이니셔티브로 자리매김하고 있다.

일대일로의 주요 건설 방안인 교통망 연계, 에너지 안보, 무역·투자 활성화 등은 유라시아 이니셔티브 중에 '하나의 대륙' 건설 방안(물류·에너지·통상 네트워크 구축)과 유사하며, 두 구상 모두 특히 '철도 연결'을 중점 협력 사업으로 추진한다.

2. 일대일로 전략과 유라시아 이니셔티브 차이점

기본적으로 일대일로 전략은 중국의 대내 개발 전략이자 대외 진출 전략으로 출범하였지만, 유라시아 이니셔티브는 궁극적으로 평화와 안보에 대한 위협을 해소하고 유라시아 공동 번영을 도모하기 위한 구상으로 대내 개발보다는 대외 협력에 방점을 두고 있다.

중국 정부는 기존에 진행되어 오던 각국과의 교통·에너지 인프라 건설 등 협력 사업을 모두 일대일로 전략의 추진 계획에 포함시켜 추진하고 있다. 동북아시아·중앙아시아·서남아시아·동남아시아·유럽 및 아프리카·중동 국가 등 가급적 많은 국가를 일대일로 건설의 협력 국가에 포함시켜 협력 사업을 진행해 나가고 있다. 반면, 한국은 우선 러시아 및 중앙아시아 국가들과 중점적으로 협력해 나간다는 계획이다. 이는 중국이 일대일로를 전체 대외 경제 외교를 포괄하는 전략의 틀로 이해하는 반면, 한국은 유라시아 이니셔티브를 특정 지역과 관련된 협력의 틀로 이해하는 점에 일부 기인한다.

3. 일대일로 전략과 유라시아 이니셔티브 간 협력 필요성

일대일로 프로젝트는 중국이 경제 강국으로 나아가기 위한 중장기 종합 성장 전략으로 중국 경제 의존도가 높은 우리나라 경제에 미치는 영향력이 크다. 더구나 중국은 우리나라 수출의 약 25%를 차지하는 최대 수출 대상국으로 중국의 경제 변화는 한국 경제에 직접적 영향을 미친다.

한·중 양국은 유라시아 이니셔티브와 중국의 일대일로에 공통점이 많아 연계 가능성이 크다는 인식을 공유하고 있는데, 정책 공조, 기반 시설 연결, 무역·투자 활성화, 금융 협력 등 다방면에 걸쳐서 경제 협력을 활성화할 수 있다.

한국은 일대일로 프로젝트에 적극적으로 참여함으로써 한·중 양국 간 경제 협력을 강화할 수 있는 계기를 마련할 수 있으며, 특히 한·중 FTA가 체결된 새로운 기회를 활용해 나갈 수 있다. 한국 기업은 한·중 FTA로 인해 낮아진 중국 진입 장벽을 통해 중국의 주요 개발 거점 지역 투자를 진행하여 주변 국가로 진출을 생각할 수 있다.

한편으로 인프라 건설 시장을 둘러싸고 중앙아시아에 대한 중국과 한국의 이해관계가 경쟁 또는 충돌할 수도 있음을 감안하여 양국의 이해관계를 조정하고 극대화해 나갈 수 있는 의견 조율 및 협력 시스템을 구축해 나가야 한다. 그리고 일대일로 프로젝트는 국가적 프로젝트도 적지 않게 추진될 것이기 때문에 한국 기업이 이러한 프로젝트에 참여하기 위해서는 정부에서 역할을 발휘해야 한다.

4. 일대일로 전략과 유라시아 이니셔티브 간 협력 틀 구축

2015년 10월 31일 한·중·일 정상회의 계기에 개최된 한·중 정상회담 시에 양국은 유라시아 이니셔티브와 일대일로 정책의 연계를 강화하기로 합의하였다. 양국 정상회담 직후 양국 관계 장관은 유라시아 이니셔티브와 일대일로 협력에 관한 양해각서(MOU)를 체결했다.

양국은 두 구상의 연계를 통해 정책 공조, 기반시설 연결, 무역·투자 활성화, 금융 협력, 인적 교류 등 다방면에 걸친 협력을 확대하기로 했다. 이번 합의에 따라 인프라 건설, 금융 등 각 분야에서 중국과의 경제 협력이 확대되고, 특히 아시아인프라투자은행(AIIB)를 활용한 한국 기업의 해외 인프라 사업 진출에 도움이 될 것으로 기대되고 있다.

아울러 한·중 양국은 '제3국 시장 공동 개척'에 대한 양해각서(MOU)도 함께 체결했다. 양국 기업의 대외 경쟁력 향상을 위해 인프라·도시 건설, 에너지, IT·통신, 환경 등의 분야에서 양국의 비교 우위를 결합해 제3국 시장을 공동 개척하며, 이를 위해 AIIB 등 다자 개발 금융기구를 활용한 자금 지원 방안을 모색하고 공동 조사연구, 협력 경험 및 정보 공유 등을 강화한다는 것이 주요 내용이다.

앞으로 한·중 간 협력을 위해서 추진해야 할 일이 적지 않을 것이며, 다음 단계로는 한·중 간 유라시아 이니셔티브와 일대일로 협력에 관한 양해각서(MOU)를 토대로 협력 네트워크를 만들어가는 일일 것이다. 한편, 유라시아 이니셔티브의 핵심 사업이라고 할 수 있는 실크로드 익스프레스의 완성을 위해서는 결국 중국 횡단철도(TCR)와 시베리아 횡단철도(TSR) 간 연결, 한반도 종단철도(TKR)과 시베리아 횡단철도(TSR) 간 연결 등이 이루어져야 한다. 한·중 철도 당국이 이 문제에 관해 논의하는 협의체 신설 방안을 강구할 필요가 있다.

제10장

한국 입장에서 일대일로 전략의 활용 방안

일대일로 전략에 대한 참여 전략과
구체적인 진출 방안 마련
일대일로 전략과 유라시아 이니셔티브를
활용한 종합 전략 추진

제10장

한국 입장에서 일대일로 전략의 활용 방안

---

1. 일대일로 전략에 대한 참여 전략 수립

중국은 일대일로 전략은 중앙이 마련하지만 구체적인 일대일로 정책은 주로 지방에서 실시하고 있다. 따라서 중앙의 전략뿐만 아니라 지방의 구체적인 움직임을 파악해야 한다. 이런 점에서 앞으로 더 구체화될 일대일로의 청사진을 더 면밀히 살펴보아야 한다.

이런 바탕 위에서 일대일로 프로젝트의 추진 방향에 대한 심도 있는 연구와 모니터링을 통해 새로운 진출 방안을 모색해야 한다. 특히, 중국의 일대일로 전략 추진의 초기 단계인 인프라 구축 투자가 가져다줄 수 있는 경제적 기회 활용을 극대화하기 위한 참여 전략을 수립할 필요가 있다.

중국이 추진하는 인프라 구축의 주된 수혜자는 중국 기업이 될 것임을 감안하여 한국은 하드웨어 구축보다는 인프라 구축을 통해 창출될 수 있는 물류, 시장 진출 가능성에 집중할 필요가 있다. 또한, 중국 내 상황과 연선 국가 상황에 맞는 전략을 수립하고, 필요할 경우 서로 연계하여 효과적인 전략을 마련해 나가야 한다.

2. 중국 내륙 거점 지역에 관심 제고

중국 내륙 지역은 유라시아 철도망을 통해 해외 시장과의 접근성이 개선되고 새로운 대외 개방 중심축으로 성장해 기업 환경이 개선될 것으로 기대된다. 일대일로 프로젝트는 서부 대개발의 연장선에 있으며, 향후 진행될 주요한 국가급 프로젝트 대부분이 중서부 지역에 집중될 예정이다. 이에 따라 내륙 지역의 일대일로 선상에 위치한 주요 거점 도시는 중국 경제의 새로운 성장축으로 부상할 전망이다. 쓰촨성 청뚜·충칭·산시성 시안 등 중서부 중심 도시는 그 중요성이 더 커지고 있고, 서부 대개발이 서북지역(간쑤·신장·칭하이·닝샤)으로 확대되고 있다.

삼성전자, 삼성SDI, 삼성화재 등이 중국 일대일로 및 내륙 거점 도시 가운데 하나인 시안(西安)에 진출하여 진시황이 통일 왕조를 이루었던 시안은 삼성의 혜택을 집중적으로 받는 곳이 되었다. 현대자동차도 중국 내륙 개발의 거점 도시 역할을 하고 있는 충칭시에 공장 건설을 추진하는 등 한국 기업의 중국 내륙 진출이 이어지고 있다. 글로벌 기업들의 중국 내륙 진출 또한 활발하게 이루어지고 있는데, HP는 충칭, 폭스바겐은 청뚜(成都) 등에 진출하였다.

중국 내륙 시장 선점 및 유라시아 대륙 진출을 위한 교두보 확보 차원에서 중국의 새로운 성장 축으로 예견된 내륙 벨트에 한국의 참여를 확대 적극 지원해야 한다. 다만, 중국 경제가 내수시장 확대 방향으로 나아가고 있음을 감안하여 단선적으로 공장을 건설하는 것보다는 한국에서 생산된 제품의 시장을 개척하는 방향에 보다 많은 관심을 기울일 필요가 있다.

중국 내륙 지역에 대한 시장 개척단 파견, 기업인 교류 확대, 한국관 설치를 통한 우수 기업의 제품 전시 및 유명 연예인 초청 홍보 행사 등을 통해 한국 상품에 대한 이미지 및 기업 홍보 확대 등을 추진해 나가야 한다. 특히, 대규모 경제 사절단 형태로 중국 서부 지방을 순회하는 카라반 행사를 신설함으로써, 서부 지역에 대한 우리 기업의 관심을 환기시키고 중국 서부 지역과의 협력 사업을 발굴하고 지원해 나가야 한다.

3. 일대일로 프로젝트 수주 지원 강화

한국의 해외 건설은 1965년 현대건설의 태국 도로 건설 사업을 시작으로 50년간 총 7,000억 달러의 계약을 따내며 한국 경제의 '달러박스' 역할을 톡톡히 했다. 하지만 대규모 인프라 투자가 이루어졌던 리비아 등 중동 정세 불안, 최근 저유가와 세계 경기 침체 등으로 어려움을 겪고 있다. 해외 건설 사업을 다변화해 나가야 하며, 이에 대한 대안으로 AIIB 등과 같은 국제 경제 질서의 재편 기회를 활용해야 한다.

특히, 한국이 아시아의 AIIB 회원국 중에서 시공 경쟁력이 뛰어나기 때문에 AIIB를 통해 아태 지역 개발도상국 인프라 건설에 참여하면 많은 효과를 볼 수 있을 것이다. 중앙아시아 국가들이 인프라 구축, 도시 개발 사업을 본격화하고 있다. 예를 들어 카자흐스탄은 수도 아스타나에서 개최될 '2017 아스타나 세계 엑스포'를 위해 총 12억 5,000만 유로(약 1조 5,750억 원)를 들여 박람회장 및 인프라 구축 작업을 벌이고 있다고 한다. 이러한 프로젝트에 한국 업체들도 적극적으로 참여해야 한다.

그런데 벌써부터 일대일로 프로젝트는 중국 기업들이 독식할 가능성이 높다는 우려가 나오고 있다. 많은 전문가와 기업들은 일대일로 프로젝트는 중국 기업들이 대대적인 정부 지원을 바탕으로 거의 독점하다시피 추진하고 있기 때문에 한국 기업으로서는 끼어들 여지가 많지 않다고 말한다. 중국의 독점은 반드시 역효과를 불러일으킬 것이기 때문에 그렇게 되는 것은 바람직하지 않을 것이다.

중국이 대규모 프로젝트를 시공하는 경우에 기술력 있고 신뢰성 있는 한국 기업과 같이 가는 것이 더 좋은 결과를 낼 수 있다. 중국 정부는 일대일로가 포용적, 개방적이며, '독창'이 아니라 '합창'이라는 점을 누누이 강조하고 있다. 한국은 이러한 점을 파고들어야 한다. 그리고 기술력을 배양하여 더 많은 기회를 포착하여야 한다. 필요할 경우 중국 업체와 컨소시엄을 구축하여 함께 들어가는 방안도 모색할 수 있다.

한국 기업에게 일대일로 프로젝트 참여 기회는 적지 않게 열려 있다고 본다. 중국이 일대일로 정책이 시장 원리에 따라 추진될 것이라고 밝혔지만 동시에 정부의 역할을 강조하였는데, 한·중 양국이 유라시아 이니셔티브와 일대일로 정책협력위원회를 구축하고, 그 위원회에 관련 부서, 공공기관, 관련 협회가 참여하도록 하여 한국의 입장이 반영되도록 해 나가야 한다.

4. 일대일로 연선 국가에서 불고 있는 한류를 활용한 진출

일대일로 프로젝트 추진으로 아시아 지역 인프라 건설 투자가 크게 증가할 것으로 예상되어 도로, 철도, 항만 등 기초 인프라 투자뿐만 아니라 석유·가스 개발, 통신 설비, IT 서비스 등 다양한 산업에서 세계 수준의 경쟁력을 확보하고 있는 한국 기업의 진출 가능성이 커지고 있으나, 아시아 지역에서 중국의 영향력과 중국 기업의 진출이 증가함에 따라 시장을 놓고 경쟁의 가열은 불가피할 것이다.

그런데 중국의 대규모 투자에도 불구하고 향후 중국 경제에 예속될 수 있다는 두려움으로 중국인과 중국 제품에 대한 반감도 점진적으로 증가하고 있다. 이러한 상황을 포착하여 문화 행사와 결합한 한류 마케팅을 지속적으로 확대해 나갈 필요가 있다. 특히, 동남아시아와 중앙아시아에서 불고 있는 한류를 적극 활용해서 시장을 선점해야 한다.

중앙아시아 카자흐스탄의 경우 〈주몽〉, 〈꽃보다 남자〉 등 한국 드라마가 인기를 끌면서 한국에 대한 이미지와 한국 제품에 대한 선호도가 증가하고 있다. 한류가 확대되면서 한국 화장품이 중국 제품에 비해 2~3배가 높은 가격에도 불구하고 판매가 증가하고 있다. 특히 한국 문화와 제품을 경험했던 유학생과 근로자들이 귀국하면서 한국 제품에 대한 수요가 증가하고 있다. 화장품에서 그치지 않고 첨단 가전, IT 제품 등에 대한 선호도를 유지하고, 농업 가공품 등으로 확산될 수 있도록 한류 마케팅을 지속해 나가야 한다.

한국 상품의 진출을 위한 문화적 기초 작업도 튼튼히 해 나가야 한다. 중국의 서부 지역은 한족 문화와는 차이를 보이는 소수민족 문화가 주류를 차지하고 있으며, 중앙아시아 국가들의 문화와 일정 정도 유사성을 보유하고 있다는 점을 적극 활용해 나가야 한다. 중국의 한(漢)나라, 당(唐)나라 등 13개 왕조가 있었던 곳으로 역사, 문화의 요람이자 일대일로 정책의 기점인 시안에 문화원을 개설하여 한국 문화 진출을 중국 서부 및 중앙아시아에 대한 진출과 연계하여 추진함으로써 상승 효과를 도모해야 한다.

5. 중국의 영향력 확대 우려 정서를 활용한 진출 전략

한국이 인프라 구축에 따르는 경제적 기회와 관련해 주목해야 할 지역과 국가는 중앙아시아와 동남아시아이다. 이 지역 국가들은 중국의 일대일로 전략 추진에 따른 인프라 구축은 환영하면서도 정치·외교적 우려와 경계로 한국과 같은 제3국의 참여를 바라고 있다는 점에 주목할 필요가 있다. 즉, 반중 정서를 최대한 활용한 아시아 지역 진출 전략을 새롭게 모색해야 한다.

중앙아시아 국가들의 경우 중국의 일대일로 전략 추진과 관련 중국의 영향력 확대를 우려하면서 한국과의 경제 협력을 선호하는 점을 주목하여 중앙아시아·동남아시아 국가들이 신실크로드 인프라 구축과 함께 추진하는 산업 지대 구축과 시장 활성화에 한국이 진출하는 방안을 고려할 필요가 있다. 또한, 중국·러시아·중앙아시아·동남아시아 국가들과의 정치·외교적 관계와 영향력 경쟁의 '틈새' 포착을 통해 한국의 경제적 진출 효과를 극대화할 수 있는 전략적 접근 방안을 구상해야 한다.

한편, 중국은 국제적인 우려를 불식시키고 리스크를 분산하기 위해서는 주변국 중 경제 규모와 국제적 영향력이 크며 중국에 적대적이지 않은 국가와의 협력이 절실하므로 이에 해당하는 한국의 가치가 높아질 수 있다. 일대일로에 참여할 한국 기업들은 관련 연선 국가들의 법, 제도에 대해 이해하여 장래 발생할 수 있는 법률상의 위험을 예방하고 손실을 최저치로 조정해야 하며, 해외 업무와 관련해 위험(risk) 관리 제도 및 시스템을 준비해야 한다.

1. 나진－훈춘－하산 개발 연계 및 물류 중심 기능 : 부산

북방 경제의 한 축인 중국 동북 지역도 일대일로 전략의 한 부분이다. 중국은 동북 지역 개발을 통해 주변국과 공간 네트워크를 연결하고, 동해 진출로를 확보하기 위한 전략을 마련하며, 동북 3성과 중국 연해 지역의 네트워크 형성에 박차를 가하고 있다. 2015년 10월에는 창춘과 옌벤의 옌지(延吉), 투먼(圖門), 훈춘(琿春)을 연결하는 고속철도가 개통되었으며, 훈춘－나진항의 연결 구간인 신두만강대교(中朝邊境圈河口岸大橋)가 건설되고 있다.

북한·중국·러시아 3국 간 경제 협력을 염두에 두고 추진하는 두만강 유역 경제 벨트 프로젝트인 '창지투(長吉圖, 창춘－지린－투먼) 개방 선도구 사업' 추진을 위한 필요조건이 충족되어 가고 있다. '창지투 사업'이 제대로 추진되면 러시아 자루비노항과 나진항을 임차해 동해로 진출하려는 중국의 차항출해(借港出海) 전략이 중국 내륙 물류와 기능적으로 연결되어 동북 지역 발전에 실질적인 기능을 하게 될 것으로 보인다.

한편, 중국은 러시아 측과 훈춘까지 연결된 고속철도를 블라디보스토크까지 연결하기로 합의하고 기술적인 부문과 운영 방안을 논의하고 있다. 중국의 동북 3성 개발, 동해 진출, 그리고 주변국 연계 발전 계획이 진행되면서, 러시아의 극동 지역 개발 움직임도 활발해지고 있다. 이렇듯 중국과 러시아의 북방 경제 활성화는 대륙에 머물지 않고 이미 해양으로 그 범위를 확장하고 있다.

중국·러시아·북한 접경 지역은 그동안 한국 입장에서 북방의 끝으로 인식돼 왔다. 동북 3성과 러시아 극동 지역의 산업화가 이루어지지 않아 전략적 가치가 낮게 평가됐기 때문이다. 하지만 이제 이 지역은 발전의 기지개를 켜고 있다. 유라시아 이니셔티브를 추진하는데 있어서도 북방과 연결하기 위한 통로로 전략적 가치를 다시 봐야 한다.

한국은 북방 경제와 해양 경제를 잇는 주축 역할을 해야 하며, 부산은 이러한 역할을 할 수 있는 좋은 입지 조건을 가지고 있다. 부산을 중심으로 한반도를 둘러싼 주변국과 네트워크를 맺도록 해야 한다. 세계 전략적으로 중국의 일대일로는 미국을 위시로 한 TPP(환태평양경제동반자협정)와 경쟁 구도로 갈 것이다. 부산은 일대일로와 TPP의 접점에 위치하기 때문에 서로 연결하고 융합시키는 역할을 할 수 있다.

또한, 부산은 유라시아 실크로드의 구성 부분인 동북아 국제운송회랑(International Transport Corridor)에서 시발점 역할을 할 수 있다. 이와 관련하여 나진-하산 프로젝트와 나진-훈춘 프로젝트의 상호 결합을 통해 한국·북한·중국·러시아 4자 협력 구도를 실현해 나가며, 이를 위해 북한과의 적극적 관계 개선이 요구된다.

훈춘에는 포스코와 현대그룹이 투자한 훈춘 국제물류센터가 가동되고 있다. 훈춘 국제물류센터는 포스코의 북방 물류 허브와 자원 개발을 위한 기반 시설로서 활용하고 있으며 앞으로 중국 동북 지역과 러시아·북한 접경 지역으로 사업 영역 확대를 위한 교두보 역할을 계획이다. 부산으로서는 우선 이러한 물류센터와 연계하여 북방으로의 물류 루트를 적극적으로 개발하고 이를 중국 동남부, 나아가 동남아시아 등으로 연결해 시너지 효과를 높여 나가야 한다.

2. 열차페리를 통해 황해 – 실크로드 익스프레스 추진 : 인천, 평택

유라시아 이니셔티브의 핵심 사업 중 하나는 한반도 종단철도와 대륙횡단철도를 기본 축으로 하는 실크로드 익스프레스의 건설이고 이를 통한 한반도 평화의 달성이다. 현재로서는 북한 핵 문제 등으로 경색된 남북 관계로 인하여 실크로드 익스프레스는 기대난망이다. 그렇지만 가까운 시일 내에 한반도 종단철도 건설이 어렵다 하더라도 한·중 양국이 협력할 수 있는 방안을 모색해 나가야 한다. 유라시아 이니셔티브가 북한에 가로막혀 미래를 예측할 수 없다는 점을 감안해 열차페리를 통해 황해를 잇고, 중국의 대륙 횡단철도와 실크로드 익스프레스를 연결하는 방안을 추진할 필요가 있다는 의견이 제기되고 있다.

열차페리는 컨테이너선 규모의 선박에 선로를 설치한 뒤 열차를 통째로 선적해 이동하는 운송 수단으로 항만에 도착하면 다시 기차를 연결해 철로로 수송하는 방식으로 현재 중국의 다롄–옌타이 노선에서 운행되고 있다. 해상을 통해 유럽까지는 40일 걸리나 선박과 철도를 동시에 활용하면 화물 운송 시간을 대폭 줄일 수 있다. 중국 측이 인천항, 평택항과 옌타이(煙臺) 간 열차페리 사업 추진을 제안한 적이 있으며, 인천과 옌타이를 잇는 노선이나 평택과 옌타이를 잇는 노선 등이 후보지다.

롄윈강에서 출발한 화물열차는 정저우·시안·란저우·우루무치·훠얼궈스 등 중국 대륙을 횡단한 뒤 카자흐스탄 알마티에 도착하는데, 열차페리를 통해 한반도와 중국을 연결하고 중국 횡단철도(TCR)을 통해 중국 서부 지역은 물론 중앙아시아로 한국 제품을 더욱 빠르게 운송할 수 있다. 열차페리를 통해 한반도와 중국을 연결함으로써 신실크로드의 시작점을 한반도로 확대할 수 있다. 이는 중국의 일대일로 전략과 한국의 연계를 강화하고, 북한 변수를 최소화하면서 중국의 일대일로 전략이 동북아 지역으로 확장될 공간을 제공하며, 한편으로 북한 핵 개발을 포기하고 새로운 발전 추세에 참여하도록 간접적으로 압박할 수 있는 전략적 카드가 될 수 있다.

한-중 열차페리는 수년 전에도 제기된 적이 있었는데, 최근에 해양수산부 장관이 언론 인터뷰를 통해 한국의 물류 혁명을 위해 한·중 열차페리를 도입하는 방안에 대해 국토교통부 등 관계 부처와 구체적인 협의를 시작할 방침이라고 밝힘으로써 한·중 열차페리 방안이 탄력을 받을 수도 있다. 물론 열차페리 방안은 경제성 등 검토해야 할 것이 한두 가지가 아니지만, 한반도와 대륙을 잇는 노력은 계속되어야 할 것이다.

3. 한반도 종단철도 연결을 위한 노력 지속 : 강원도

유라시아 철도망 형성 전망   한·중 간 철도망 연결 구상

향후 전개 가능한 한반도 및 주변 물류망 (출처 : 경기 연구원)

한반도 종단철도(TKR) 연결 구상이 현재로서는 남·북한 관계 답보로 인해 추진이 어렵지만 이는 유라시아 이니셔티브의 핵심이며, 한국의 번영과 다가오는 통일 시대를 대비하기 위해서도 반드시 성취해야 할 중요

한 과제이다. 이 철도가 연결되어야 중국 동북 3성을 거쳐 시베리아 횡단 철도(TSR), 중국 횡단철도(TCR)에 연결되고 나아가 앞으로 계속 확대 건설될 다른 철도망과 연결되어 중앙아시아·유럽·동남아시아 및 서남아 시아로 갈 수 있다. 한반도 종단철도(TKR) 연결 여부는 장래에 한국이 유 라시아 물류 소통의 기착지가 되느냐 아니면 물류의 섬으로 남아 있느냐 를 결정한다고 해도 과언이 아니다.

중국의 유라시아 고속철의 연장선에서 중국과 북한 접경 지역에 고속 철 사업이 추진되어 2015년 8월 선양-단둥 노선이 개통되고, 10월 지린- 훈춘 노선이 개통된 점을 감안하여, 북·중·러 3자 간 고속철 연계 건설 외에 남·북·중 3자 간 고속철 연계 건설 프로젝트 시행에도 속도를 내야 한다.

국토교통부는 2015년 업무보고에서 한반도와 유라시아 대륙 연계를 고려한 국토 발전 방향 구상과 단절된 남·북한 철도 중에 남한 내 단절 구 간에 대해 연내 사전 조사 및 사업 준비 추진 계획을 발표한 바 있다. 그런 데 한반도 종단철도(TKR) 건설을 통한 유라시아 철도망 구축의 각론에 서는 '부산-울산-포항-강릉-원산-블라디보스토크'를 연결하는 동해 선 연결 방안과 '부산 혹은 목포-대전-서울-원산-블라디보스토크'를 연결하는 경원선 방안 등 다양한 방안이 제기되고 있다.

경원선 연결 방안은 서울에서 원산을 연결하는 수도권 중심주의에 기 반을 두고 있는 반면, 동해선 연결 방안은 태평양과 유라시아 대륙의 관 문인 부산을 중심에 놓고 태평양과 유라시아를 연결하는 구상의 연장선 상에 놓였다는 분석이다. 동해선 연결 방안은 남북 교류 활성화 이전에는 수도권-강원권 항만-시베리아 횡단철도(TSR)을 잇는 철도와 해상 복 합 운송 루트를 구축하고, 남북 교류 활성화 이후에는 광역 경제권-강원권 철도-북한 철도-시베리아 횡단철도(TSR)-유럽 수송 루트를 구축한다는 인식이다.

러시아 철도 궤간(광궤)과 한반도의 표준궤를 호환하는 궤간 가변 대차를 개발한 미래창조과학부 산하 한국철도기술연구원은 한 세미나에서 부산을 중심으로 동해선을 거쳐 시베리아 횡단철도를 연결하거나, 몽골 횡단철도(TMGR)를 연결해 다시 경의선(신의주-서울-부산)을 연결하는 방안을 제시했다.

경원선은 기존의 철로 라인을 현대화하는 작업만 거치면 되는데, 동해선은 인프라를 건설해야 하는 상황이라 시간과 비용이 더 들어갈 것이라는 견해가 많다. 러시아 측에서는 나진·선봉을 통과해 부산까지 연결하는 동해선 라인에 대해 관심을 많이 가지고 있는 것으로 알려져 있다. 지금은 북한 문제로 인해 한반도 종단철도가 연결될 수 없지만, 중국 동북 지역이 고속철도로 속속 연결되고 있음을 감안하면 한반도가 철도로 대륙과 연결되는 것이 먼 미래의 일이 아닐 수도 있다.

독일이 통일된 후 한반도 통일 비용 논란이 크게 일은 적이 있으며, 그때 북한의 철도 개량에 천문학적인 비용이 들 것이라는 분석이 나왔다. 그런데 일대일로 전략으로 수천 킬로미터 나아가 수만 킬로미터에 이르는 대륙 간 횡단철도나 고속철도가 추진되고 있는 상황에서 북한을 관통하는 철도나 고속철 건설은 그렇게 큰 프로젝트가 될 수 없을 것이다. 통일을 비용의 개념으로 보는 대신에 대륙으로 연결하여 한민족이 뻗어 나가는 기회의 기념으로 인식해야 하며, 이를 위한 준비를 철저히 하고 속도를 내야 할 것이다.

4. 한·중 경협 단지 성공적 조성으로 새로운 기회 창출 : 새만금

새만금은 바다에서 건진 광활한 땅을 활용한 대규모 사업이며, 항공기로 2시간 이내에 닿을 수 있는 인구 100만 이상인 수십 개의 도시가 있어 지리적 접근성이 좋을 뿐만 아니라 무역 접근성도 좋다. 세계 53개국과 FTA를 체결한 한국의 무역 환경을 최대한 활용하여 무역 장벽을 해소하고 'Made in Korea' 효과를 누릴 수 있는 장점이 있다. FTA 산업 협력 단지 지정 문제는 2014년 7월 시진핑 주석의 국빈 방한 시 양국 정상이 공통 관심을 표명한 사항이다. 이에 따라 한국 정부는 2015년 6월 유일한 한국 측 FTA 산업단지로 '새만금 한-중 FTA 산업단지'를 지정하여 한·중 경협 단지 조성의 선도 사업으로 추진하고 있다.

새만금은 중국의 지척에 있어 투자, 물류 등 측면에서 잘 활용하면 중국의 '일대일로'와 한국의 '유라시아 이니셔티브'를 연결하는 중요한 연결 고리가 될 수 있다. 새만금 개발 계획에 따르면, 새만금 신항과 군산공항을 연결하는 '새만금-대야 간 복선 전철' 건설이 추진되고 있다. 이것이

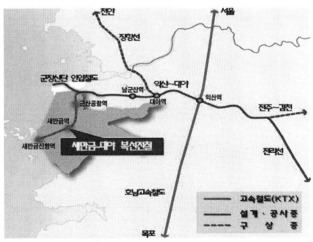

새만금-대야간 복선 전철 추진도 (출처 : 새만금청 홈페이지)

계획대로 건설된다면 새만금에서 익산으로 이어진 철도망은 익산에서 다시 서울로 연결된다. 그렇게 되면 새만금-경의선-신의주시-단동-중국 횡단철도(TCR)-시베리아 횡단철도(TSR) 연결을 생각할 수 있다.

또 하나의 연결 구간은 새만금-원산시-두만강역-시베리아 철도 (TSR) 연결 노선이다. 이는 북한의 원산시와 청진시·나진시를 경유한 뒤 두만강역에서 러시아의 하산을 통과한 다음 보스토치니에서 시베리아철도와 연결되는 노선이다. 즉, 북한과 러시아를 거친 후 유럽의 각국으로 이어지는 노선인 것이다. 특히 이 노선의 경우 북한이 경제무역특구로서 심혈을 기울이고 있는 나진·선봉 지역과 러시아와의 협력이 추진되고 있는 나진-하산 지역을 경유한다는 점에서 상당한 의미가 있다.

그리고 새만금-원산-두만강역-시베리아 횡단철도(TSR) 노선을 연결하여 유럽 각국으로 연결될 수 있다. 새만금은 해로를 통해 일대일로와 연결될 수 있다. 새만금의 신항만에서 서해를 사이에 두고 새만금과 마주하고 있는 장쑤성(江蘇省) 롄윈강 항구까지 해상으로 연결된 물류망은 롄윈강 항구에서부터 다시 중국 횡단철도(TCR)와 시베리아 횡단철도(TSR)의 육상 연결망을 통해 유럽까지 이어질 수 있다.

5. 문화 실크로드로 일대일로와 유라시아 이니셔티브 연결 : 경주

고대 실크로드는 범위를 넓히면 신라 서라벌(경주)에서 시작하여 고구려 평양 육지의 길이나 서해 바닷길을 거쳐 당나라 장안, 중앙아시아, 로마까지 연결됐다고 할 수 있다. 많은 고승이 이 길들을 따라 인도로 구법의 길을 떠나기도 하였으며, 대학자 최치원도 이 길을 따라 중국으로 갔다. 간쑤성 역사 박물관에는 란저우가 고대 실크로드의 주요 통로 역할을 하였고 일대일로 전략의 중심지임을 보여주기 위해 실크로드를 표시한 유라시아 지역을 포괄하는 지도를 비치해 놓고 있는데, 실크로드가 한반도로 연결되어 있다.

간쑤성 역사 박물관 실크로드 표시 지도

경상북도는 경주가 실크로드의 출발지이자 중심지로서 찬란한 문화를 꽃피운 고도(古都)임을 국제사회에 알리기 위해 경주에서 터키 이스탄불까지 2만여km에 이르는 '육상 실크로드'와 '해상 실크로드'를 탐험하여 실크로드를 재조명하였다. 또한, 경상북도와 경주시는 이스탄불은 유라시아 대륙의 서쪽 끝에 있는 도시이고, 반면 경주는 대륙의 동쪽 끝에 있으며, 두 도시를 잇는 연결고리가 바로 실크로드라는 인식하에 2013년 9월 터키 이스탄불에서 이스탄불－경주 엑스포를 개최하였다.

전시, 공연, 영상, 체험 특별 행사 등 다양한 문화행사를 진행하여 실크로드로 이어졌던 경주와 이스탄불의 교감을 뛰어넘어 한국의 문화 브랜드 가치를 높이고 확산시키고, 한국이라는 지역적 범위를 벗어나 국제사회로 나아간 행사였다는 평가를 받았다. 그로부터 2년 후 2015년 8월 21일부터 59일간 '실크로드 경주 2015'가 개최되었다. 전통문화와 ICT 첨단 기술의 절묘한 접목, 한국 문화와 세계 문화의 융화, 풍성한 창작 콘텐츠, 다양한 한류 콘텐츠들을 선보였다. 고대 무역의 통로였던 실크로드의 동쪽 출발점이 경주라는 것에 착안해 우리 문화를 세계에 알리고, 신 실크로드라는 새로운 한류 문화 진출의 길을 만들어 낸 경상북도와 경주시의 진취적 도전과 참신한 아이디어는 다른 지자체들에도 시사하는 바가 크다.

Epilogue

위대한 전략가인 브레진스키는 2000년대 초에 저술한 《제국의 선택》 (The Choice)의 서문에서 "중국은 경제적으로 진보했지만 적어도 두 세대 동안은 상대적 빈곤국으로 남을 가능성이 높다."라고 예측했다. 그런데 그로부터 10여 년이 된 현시점에서 중국은 외환보유고가 4조 달러에 육박하고 있으며, 세계 각국은 엄청난 쇼핑을 즐기는 요우커(중국인 관광객)들을 유치하는 데 큰 힘을 쏟을 정도로 부가 축적되어 "적어도 두 세대 동안은 상대적 빈곤국으로 남을 가능성이 높다."라는 대전략가의 예측이 무색하게 될 만큼 발전하고 있다.

지금까지 중국 관련해서는 "중국에 사람 참 많다."라는 말을 많이 해왔는데, 이제는 "중국에 돈이 참 많다."라는 말도 추가되어야 할 판이다. 중국은 과거에는 '인해전술'을 썼다면 이제는 '돈 보따리' 전술을 쓰고 있다. 막대한 차이나머니를 바탕으로 중국과 주변국, 나아가 유라시아 대륙을 인프라로 연결하고자 하는 일대일로 전략을 추진해 나가고 있다.

중국은 여러 가지를 고려하여 일대일로 전략을 추진하고 있지만, 시진핑 주석이 제창한 '중국의 꿈'을 실현하고, 미국의 '아시아 재회귀 전략'에 대응하되 미국과의 직접적인 충동을 피하면서 중국의 위상 확대, 국력 강화를 도모하려는 것이 가장 주요한 목적인 것으로 분석되고 있다. 중국의 이러한 전략은 일정 부문 한국의 국익과 충돌할 수도 있다. 특히, 주변 강대국인 중국의 급속한 국력 상승은 한국에 부담으로 작용할 것이다. 그러나 중국의 일대일로 전략에 대해 한국이 부정적으로 본다고 해서 안 될 일이 아니다.

긍정적으로 본다면 중국의 일대일로 전략은 한국이 유라시아 이니셔티브를 추진하기 위해 협력해야 할 필수조건에 해당하며, 한국의 유라시아 이니셔티브는 중국의 일대일로 전략을 보다 완결성 있게 구체화하는데 충분조건을 제공할 수 있다. 이 때문에 지금 일대일로를 활용하고 한국의 국익에 도움이 되는 방향으로 유도해 나가는 것이 바람직하다는 이야기가 많이 나오고 있다. 일대일로 정책을 타면서 유라시아 이니셔티브를 실현시켜 한국의 국익을 확보해 나가야 한다. 이 과정에서 유념해야 할 사항이 몇 가지 있다.

첫째, 깊게 관찰해야 한다. 중국 정부는 정책을 발표하거나 시행할 때 한꺼번에 전면적으로 하지 않기 때문에 처음에는 내용이 없어 보이고 의도를 파악하기가 어렵다. 특히, 사회주의적 전통과 체제 특성상 선전전에 능하다. 중국은 국가주의가 강한 나라이다. 국익의 관점에서 전략적이고 일사불란하게 정책을 추진하면서, 선전과 홍보를 통해 이에 대한 도덕적 정당성까지 확보해 나간다. 현재 중국은 자국이 중심이 되고 주변국으로 뻗어 나가는 형태의 일대일로 전략이 '중화민족주의(中華民族主義)'의 부활이 아니냐는 우려 불식에 선전전의 주안점을 두고 있다.

중국은 블랙홀처럼 국내의 여러 가지 개발 프로젝트를 일대일로 프로젝트에 포함시키고 주변국과 연결하며 내부의 개혁과 대외로의 개방을 실시하고 있다. 이 과정에서 중앙정부, 지방정부, 기업, 학술기관들이 전방위적으로 참여하여 일대일로 구상의 효과성을 높여가고 있다. 그런데 중국 정부는 일대일로의 포용성과 개방성을 강조하고 '독창'이 아니라

'합창'을 이루겠다고 말하고 있지만, 대부분의 프로젝트를 자국 기업들이 독식할 기세다. 한국은 일대일로 전략이 중국의 국력 상승에 초점을 맞추고 있다는 지적을 유념하면서, 중국이 발표하는 정책을 하나하나 살펴보고 의도까지 분석해 나가야 한다.

둘째, 넓게 살펴보아야 한다. 일대일로 연선 국가는 65개에 달하고 국가들마다 경제 수준, 처한 상황이 다르며, 추진하는 프로젝트가 다양하다. 낙후되거나 성장 동력 부족으로 인해 경제 성장이 더딘 지역이 많지만, 자원이 풍부하여 진출에 매력적인 나라들도 많다. 또 하나의 일대일로 전략 대상인 중국 자체는 광활한 국토에 지역에 따라 경제적 상황이 상당히 다르다. 지역마다 추진하는 프로젝트도 다양하다. 일대일로 전략을 타기 위해서는 안테나를 높게 세우고 넓게 보면서 기회를 잡아 나가야 한다.

일대일로 전략은 광범위하고 자금력이 풍부한 중국이 주도하기 때문에 한국으로서는 효과성을 높이기에 벅찬 게임일 수도 있다. 공공기관에서 관련 정책과 정보를 파악하고, 기업들은 앞으로 추진해 나가고, 정부는 뒷받침해 주는 등 상호 간의 협력이 필요할 것이다. 중국 정부는 일대일로 전략에서 정부의 안내자 역할, 책임성을 강조하고 있다. 이는 한국 기업들이 일대일로 전략을 통한 이익 창출을 하려고 할 때 한국 정부와 공공기관도 역할을 해야 한다는 점을 시사하는 대목이다.

셋째, 멀리 보아야 한다. 일대일로 구상은 '중국의 꿈'의 실현을 목표로 30~40년의 장기간을 내다보고 추진하는 원대한 계획이고, 장기 투자 사업이며 인프라 투자 사업이다. 개별 기업 차원에서 단기적 이익만 보고 나갈 것이 아니라 지역 경제 발전에 기여하고 중요한 국책사업에 참여한다는 사명의식을 갖고 참여해야만 효과를 거둘 수 있다. 한국은 유라시아 국가들이 추진하고 있는 다양한 인프라 프로젝트에 적극 참여하고, 대외 경제협력기금(EDCF), 공적개발원조(ODA) 등을 통한 지원과 인프라 개발 경험도 공유해 나가면서 상호 윈윈하는 교집합을 마련해 나갈 필요가 있다.

예를 들어, 철도 인프라는 많은 나라의 국경을 통과하는 점을 감안하여 한국이 강점을 가지고 있는 통관, 검역, 출입국 관리, 환적·환승 체계의 표준화와 간소화 및 운송장의 국제 표준화와 통관 절차의 호환성 확보, 국제 운임 상호 정산 체계 구축 등을 통해 각국의 서로 상이한 제도와 관행을 일치시키고, 불필요한 규제들은 개혁해 나가는데 선도적인 역할을 할 수 있다.

넷째, 북한을 절대 포기하지 말아야 한다. 북한을 포기하는 것은 대륙으로 나가는 꿈을 포기하는 것이며, 단절되어 있는 한민족의 한계성을 극복할 수 있는 기회를 포기하는 것이나 마찬가지다. 유라시아 이니셔티브를 통해, 그리고 일대일로 전략과 협조하면서 북한에 대한 정책적 효과를 지속적으로 높여 나가야 한다.

한국의 유라시아 이니셔티브 구상과 일대일로 전략 간 연계에 있어서 최대의 장애는 북한의 경직된 태도와 깊은 연관이 있을 수 있다. 북한이 핵무기 무장 전략을 채택하는 한 동북아시아의 안보 정세는 항상 긴장되고, 경제 발전에 필요한 안정과 동력은 제한적일 수밖에 없는 상황이다.

이는 한반도와 관련하여 유라시아 이니셔티브 구상과 중국의 일대일로 전략을 연계하려고 하는 노력이 큰 난관에 봉착할 수 있다는 것을 의미한다. 그러나 극복해 나가야 한다. 한·중 양국은 어떻게 북한 변수를 줄이면서 협력이 가능한지에 대해 연구와 협력을 배가해야 한다. 중국에 한국과 같은 선진국에 진입하고 있는 국가와의 협력 모델을 보여줄 수 있다는 점에서 한국과의 협력은 의미가 있다. 한국은 유라시아 이니셔티브와 중국의 일대일로를 결합하고, 한반도와 몽골·러시아·중국을 포함하는 경제 회랑 건설을 추진하여 시너지 효과를 창출해 나가야 한다. 그 과정에 있어서 물론 북한의 협조 확보를 위한 인내심 유지와 노력은 다언을 요하지 않는다.

마지막으로 역동성인 자세로 앞으로 나아가야 한다. 그리고 이를 위한 제반 정책들이 보다 확대 지향적으로 추진되어야 한다. 주지하다시피 일대일로 전략은 시진핑 주석이 주창한 후 중앙정부, 지방정부, 나아가 학계, 기업 등이 전방위적으로 참여하고 있다. 유라시아 이니셔티브라는 비전이 제시된 만큼 한국도 앞으로 나아가야 한다.

그런데 마침 우리의 제1 교역 대상국이자 투자 대상국인 중국이 일대일로라는 전략을 구사하고 있다. 중국의 일대일로 전략과 한국의 유라시아 이니셔티브는 지향하는 바가 완전히 같지는 않지만 상호 협력의 여지가 많다. 유라시아 대륙 경제권 형성을 통해 21세기 새로운 성장 동력 지대로 발돋움시킨다는 점과 동시에 경제 협력, 인문·사회 교류 활성화와 평화와 협력을 지향하는 국제 환경을 형성한다는 핵심 목표를 공유하고 있다.

한국은 이러한 점을 최대한 활용하여 일대일로 전략을 유라시아 이니서티브에 접목시켜 나가야 한다. 일대일로 전략의 '5통'을 적극적으로 활용하면서 유라시아 이니서티브 '3대륙'의 효과성을 높여 한민족의 새로운 도약을 이루고, 통일로 성큼 나아가며, 유라시아 번영을 이끌어가야 한다.

참고문헌

1. 《一帶一路》: 機遇與挑戰(人民出版社, 2015년)

2. 《讀憧 一帶一路》(中信出版社, 2105년)

3. 《一帶一路 引領中國》(中國文史出版社, 2105년)

4. 〈2015 歐亞經濟論壇發展報告〉(西安交通大學校, 2015년)

5. 《一帶一路 戰略 導讀》(甘肅文化出版社, 2015년)

6. 《Hard Choices》(Hillary Clinton, 2015년)

7. 《Grand Chessboard》(Z. 브레진스키, 1998년)

8. 《제국의 선택》(The Choice)(Z. 브레진스키, 김명섭 번역, 황금까치)

9. 〈성균차이나 포커스〉 제19호(2015년)

10. 주시안총영사관과 서북대학 주최 세미나(2015년)

11. 외교부 홈페이지 Urasia Initiative(유라시아 이니셔티브)

12. 일대일로 사이트(www.edailu.cn) 및 중국 정부 사이트

13. 중국 및 한국 언론 보도

중국의 新실크로드 전략

일대일로一帶一路

초판 1쇄 발행   2016년 1월 21일
초판 2쇄 발행   2018년 6월 29일

지은이 | 이강국
펴낸이 | 박정태
편집이사 | 이명수   감수교정 | 정하경
편집부 | 김동서, 위가연, 이정주
마케팅 | 조화묵, 박명준, 송민정   온라인마케팅 | 박용대
경영지원 | 최윤숙

펴낸곳   BOOK★STAR
출판등록   2006. 9. 8. 제 313-2006-000198 호
주소   파주시 파주출판문화도시 광인사길 161 광문각 B/D 4F
전화   031)955-8787
팩스   031)955-3730
E-mail   kwangmk7@hanmail.net
홈페이지   www.kwangmoonkag.co.kr

ISBN   978-89-97383-77-1   03340
가격   16,000원